करुणा का स्पशे

चिकित्सा में सहानुभूति की शक्ति

डॉ. मीनाक्षी बंसल

|| समस्त संसार के ज्ञान-प्रेमियों को समर्पित ||

जो सत्य की खोज में, ज्ञान की राह पर अग्रसर हैं।
जिनकी जिज्ञासा कभी थमती नहीं, और जिनका उद्देश्य केवल आत्मविकास ही नहीं, बल्कि संसार के कल्याण का भी है—यह कृति उन सभी साधकों को सादर अर्पित है।

क्रम-सूची

क्रम-सूची

प्रार्थना

aओम भद्रं कर्णेभिः श्रृणुयाम देवाः।
भद्रं पश्येमाक्षभिर्यजत्राः।
स्थिरैरंगैस्तुष्टुवांसस्तनूभिः।
व्यशेम देवहितं यदायुः।
स्वस्ति न इंद्रो वृद्धश्रवाः।
स्वस्ति नः पूषा विश्ववेदाः।
स्वस्ति नस्ताक्ष्र्यो अरिष्टनेमिः।
स्वस्ति नो बृहस्पतिर्दधातु।
ओम शांतिः शांतिः शांतिः।

यह मंत्र सार्वभौमिक कल्याण के लिए प्रार्थना है। इसमें विभिन्न देवताओं से सुरक्षा, स्वास्थ्य और सुख के लिए आशीर्वाद की याचना की गई है। यह मंत्र सभी इंद्रियों से शुभ का अनुभव करने और दिव्य उद्देश्य के साथ जीवन जीने के महत्व को रेखांकित करता है।

इंद्र, पूषा, ताक्ष्र्य (गरुड़) और बृहस्पति की कृपा से यह प्रार्थना जीवन में कल्याण और शांति की कामना करती है। अंत में " ओम शांतिः शांतिः शांतिः" तीन बार दोहराने का अर्थ है - व्यक्तिगत, पर्यावरणीय, और वैश्विक स्तर पर शांति की गहन कामना। यह मंत्र शांति, समृद्धि और सभी प्राणियों के शारीरिक एवं आध्यात्मिक कल्याण के लिए पाठ किया जाता है।

लेखिका के बारे में

डॉ. मीनाक्षी बंसल, जो भारत की राजधानी दिल्ली में जन्मीं, ने अपनी ज़िंदगी कला, शिक्षा, और समाज कल्याण के प्रति गहरी प्रतिबद्धता के साथ बिताई है। विवाह के बाद, उन्होंने अहमदाबाद, गुजरात को अपना नया निवास स्थान बनाया, जहाँ वे प्रेरणा का स्रोत बनकर उभरीं। डॉ. मीनाक्षी न केवल ललित कला की कुशल कलाकार हैं, बल्कि एक प्रतिष्ठित लेखिका, समर्पित समाजसेविका और मनोविज्ञान की विद्वान शोधकर्ता भी हैं। उनका जीवन, विशेष रूप से समाज के वंचित और पिछड़े बच्चों के उत्थान के प्रति समर्पण, सहभागिता और सहानुभूति की शक्ति में उनके गहरे विश्वास का परिचायक है।

अपने प्रारंभिक दिनों से ही मीनाक्षी ने पढ़ने के प्रति एक अदम्य लगन दिखाई। उनके साहित्यिक संसार में नैतिक कहानियाँ, प्रेरणादायक कथाएँ, और जीवन पाठों से परिपूर्ण पौराणिक गाथाएँ शामिल थीं। यह पढ़ने की आदत केवल व्यक्तिगत विकास के लिए नहीं थी, बल्कि छात्रों और सहकर्मियों के विकास के लिए इन कहानियों के सार को साझा करने की इच्छा से प्रेरित थी। वे विशेष रूप से आदि शंकराचार्य, स्वामी विवेकानंद, डॉ. एपीजे अब्दुल कलाम, महामना पंडित मदन मोहन मालवीय, महात्मा गांधी, सरदार वल्लभभाई पटेल, और विनोबा भावे जैसे ऐतिहासिक और आध्यात्मिक नेताओं के जीवन और शिक्षाओं से प्रभावित थीं। उनके विचार और जीवन कथाएँ मीनाक्षी को दृढ़ता, निःस्वार्थता और ज्ञान की खोज के आदर्शों को अपनाने के लिए प्रेरित करती रहीं।

डॉ. मीनाक्षी का मनोविज्ञान में शैक्षणिक और व्यावहारिक योगदान भी उल्लेखनीय है। एक शोधकर्ता के रूप में, उनका ध्यान मानव मन की जटिलता को समझने और मनोवैज्ञानिक कल्याण और सामाजिक समरसता के लिए संभावनाओं को उजागर करने पर केंद्रित रहा है। उनके सामाजिक कार्यों में, वे अपने अकादमिक ज्ञान को समाज के वंचित वर्गों के जीवन में वास्तविक परिवर्तन लाने के लिए उपयोग करती हैं। उनका समाज सेवा का दृष्टिकोण पारंपरिक ज्ञान और आधुनिक मनोवैज्ञानिक पद्धतियों का अनूठा संयोजन है, जो समाज के बहुआयामी मुद्दों का समाधान करता है।

उनकी कलात्मक प्रतिभाएँ, जो उनके विविध कौशल का एक और पहलू हैं, केवल व्यक्तिगत रुचि तक सीमित नहीं हैं। उनकी कला प्रतीकात्मकता और भावनात्मक गहराई से भरपूर होती है, जो उनके दार्शनिक विचारों और सामाजिक चिंताओं को व्यक्त करती है। उनकी रचनाएँ दर्शकों को उनके बुद्धिमत्ता और करुणा की गहराई में झांकने का अवसर प्रदान करती हैं।

कला और समाज विज्ञान के अतिरिक्त, डॉ. मीनाक्षी ने प्राणिक हीलिंग की उपचार कला में भी महारत हासिल की है, जिसे मास्टर चोआ कोक सुई ने विकसित किया था। यह पद्धति, जो शरीर और आभा को ठीक करने के लिए प्राण या जीवन ऊर्जा के उपयोग पर केंद्रित है, न केवल उनके लिए एक व्यक्तिगत खोज रही है, बल्कि दूसरों को उपचार प्रदान करने का एक माध्यम भी है। प्राणिक हीलिंग में उनकी दक्षता विभिन्न प्रकार के ध्यान सिखाने और अभ्यास के साथ पूरी होती है, जो व्यक्तियों और समुदायों में पुनरुत्थान, व्यक्तिगत विकास और समरसता के संवर्धन पर केंद्रित है।

डॉ. मीनाक्षी का जीवन केवल व्यक्तिगत उपलब्धियों की खोज नहीं है, बल्कि समाज के उत्थान और सशक्तिकरण के प्रति समर्पित एक यात्रा है। उनकी विविध रुचियाँ और प्रतिभाएँ—कला, साहित्य, मनोविज्ञान, और उपचार पद्धतियों को जोड़ती हुई—सेवा के एकमात्र पथ पर केंद्रित हैं। वे उन महान हस्तियों की भावना को आत्मसात करती हैं, जिन्होंने उन्हें प्रेरित किया, और अपने कार्यों और शिक्षाओं के माध्यम से उनकी विरासत को आगे बढ़ाती हैं। अपनी पुस्तकों, कला और सामाजिक पहलों के माध्यम से, वे नई पीढ़ी को आत्म-खोज, दृढ़ता और निःस्वार्थता की यात्रा पर चलने के लिए प्रेरित करती हैं।

समाज कल्याण के प्रति उनकी प्रतिबद्धता, विशेष रूप से वंचित बच्चों के उत्थान पर ध्यान केंद्रित करना, शिक्षा और व्यक्तिगत विकास की परिवर्तनकारी क्षमता की उनकी गहरी समझ को दर्शाती है। मनोविज्ञान, कलात्मक संवेदनशीलता और उपचार पद्धतियों के ज्ञान को जोड़कर, डॉ. बंसल ने एक समग्र दृष्टिकोण विकसित किया है जो न केवल तात्कालिक आवश्यकताओं बल्कि समुदायों की दीर्घकालिक भलाई को भी संबोधित करता है।

एक लेखिका के रूप में, डॉ. मीनाक्षी की रचनाएँ प्रेरणादायक अंतर्दृष्टियों,

व्यावहारिक ज्ञान और उनके विस्तृत अध्ययन और जीवन के अनुभवों से लिए गए चिंतनशील विचारों का मिश्रण प्रस्तुत करती हैं। उनकी पुस्तकें उन लोगों के लिए मार्गदर्शिका के रूप में कार्य करती हैं, जो जीवन की जटिलताओं को अनुग्रह, दृढ़ता और उद्देश्य के साथ नेविगेट करना चाहते हैं। अपनी कहानियों के माध्यम से, वे अपने पाठकों को अपने भीतर की गहराइयों का पता लगाने और समाज की सामूहिक भलाई में अर्थपूर्ण योगदान देने के लिए आमंत्रित करती हैं।

डॉ. मीनाक्षी बंसल में हमें एक अद्वितीय कलाकार, विद्वान, उपचारकर्ता और सामाजिक कार्यकर्ता का अद्भुत समन्वय मिलता है। उनका जीवन कार्य आशा का प्रतीक और दुनिया में बदलाव लाने की इच्छा रखने वाले व्यक्तियों के लिए प्रेरणा का स्रोत है। उनकी कहानी सहानुभूति और मानवता की भलाई के प्रति गहरी प्रतिबद्धता से प्रेरित व्यक्तिगत प्रयासों की शक्ति की एक प्रेरक याद दिलाती है। डॉ. मीनाक्षी की विरासत केवल उनके प्रयासों के ठोस परिणामों में नहीं है, बल्कि उस स्थायी जिज्ञासा, सहानुभूति और सेवा की भावना में है, जिसे वे प्रतिपादित करती हैं।

प्रस्तावना

चिकित्सा के पवित्र गलियारों में, जहाँ उपकरणों की निर्जीव चमक और जीवन बचाने वाली तकनीक की गूँज सुनाई देती है, मैंने अक्सर एक बुनियादी सवाल पर विचार किया है: वास्तव में क्या उपचार करता है? एक अनुभवी स्वास्थ्य सेवा प्रदाता के रूप में, मैंने आधुनिक चिकित्सा की अद्भुत शक्ति को टूटे हुए शरीरों को जोड़ने और स्वास्थ्य बहाल करने में सफल होते देखा है। फिर भी, बार-बार मैंने एक सूक्ष्म लेकिन शक्तिशाली शक्ति को काम करते देखा है – करुणा की परिवर्तनकारी शक्ति।

यह पुस्तक, वर्षों के चिंतन और अवलोकन से जन्मी, उस शक्ति की खोज है। यह स्वास्थ्य सेवा के हृदय को फिर से खोजने, चिकित्सा कला के केंद्र में निहित सहानुभूति को पुनर्जीवित करने, और करुणा को मरीजों और प्रदाताओं दोनों के लिए एक अनिवार्य उपकरण के रूप में अपनाने के लिए एक निमंत्रण है।

इन पन्नों में, मैंने करुणा के विभिन्न आयामों का विश्लेषण किया है, एक साधारण उपस्थिति से लेकर बुरी खबर देने की जटिल कला तक। मैं यह भी तलाश करता हूँ कि करुणा को कैसे विकसित किया जा सकता है, पोषित किया जा सकता है, और इसे स्वास्थ्य सेवा के हर पहलू में, व्यक्तिगत बातचीत से लेकर संगठनात्मक संस्कृति तक, कैसे समाहित किया जा सकता है। मैं मरीजों और प्रदाताओं की कहानियाँ साझा करता हूँ जिन्होंने करुणा की परिवर्तनकारी शक्ति का अनुभव किया है, और एक अधिक करुणामय स्वास्थ्य सेवा प्रणाली के लिए व्यावहारिक रणनीतियाँ प्रस्तुत करता हूँ।

यह पुस्तक कोई निर्दिष्ट नियमावली या अंतिम मार्गदर्शिका नहीं है। यह एक व्यक्तिगत यात्रा है, स्वास्थ्य सेवा प्रदाता के रूप में मेरे अपने अनुभवों पर एक चिंतन है, और स्वास्थ्य सेवा में करुणा की भूमिका पर चर्चा में शामिल होने का एक निमंत्रण है। मेरा विश्वास है कि करुणा को अपनाकर, हम एक ऐसी स्वास्थ्य सेवा प्रणाली बना सकते हैं जो न केवल अधिक प्रभावी हो, बल्कि अधिक मानवीय भी हो, एक ऐसी प्रणाली जो वास्तव में मरीजों और प्रदाताओं दोनों की जरूरतों को पूरा करती है।

मुझे आशा है कि यह पुस्तक स्वास्थ्य सेवा प्रदाताओं, मरीजों, नीति निर्माताओं और उन सभी से जुड़ेगी, जो स्वास्थ्य सेवा के भविष्य की परवाह करते हैं। मुझे उम्मीद है कि यह आपको अपनी करुणा के अनुभवों पर विचार करने, अधिक सहानुभूति और समझ को विकसित करने, और एक अधिक करुणामय स्वास्थ्य सेवा प्रणाली की वकालत करने के लिए प्रेरित करेगी।

मैंने यह पुस्तक उन अनेक मरीजों और सहयोगियों के प्रति गहरी कृतज्ञता के साथ लिखी है, जिन्होंने मुझे करुणा की शक्ति के बारे में बहुत कुछ सिखाया है। मैं उन अनगिनत शोधकर्ताओं, शिक्षकों और समर्थकों का भी आभारी हूँ जिन्होंने स्वास्थ्य सेवा में करुणा को बढ़ावा देने के लिए अपना जीवन समर्पित किया है।

मेरी आशा है कि यह पुस्तक स्वास्थ्य सेवा में करुणा की भूमिका पर चल रही चर्चा में योगदान देगी। मेरा विश्वास है कि साथ मिलकर काम करके, हम एक ऐसी स्वास्थ्य सेवा प्रणाली बना सकते हैं जो वास्तव में करुणामय हो, जो न केवल शरीरों को, बल्कि दिलों और दिमागों को भी ठीक करे।

यह पुस्तक उन सभी को समर्पित है जिन्होंने कष्ट सहा है, जिन्होंने उनकी देखभाल की है, और जो एक अधिक करुणामय दुनिया के लिए प्रयासरत हैं।

डॉ. मीनाक्षी बंसल
सामाजिक कार्यकर्ता
अहमदाबाद, गुजरात, भारत

☙

1

उपस्थिति की शक्ति: मरीज को एक सम्पूर्ण व्यक्ति के रूप में पहचानना

स्वास्थ्य सेवा के जटिल ताने-बाने में, मानवीय संबंधों के धागे हर बातचीत में बुने जाते हैं। फिर भी, निदान, उपचार, और प्रोटोकॉल की भूलभुलैया के बीच, सहानुभूतिपूर्ण देखभाल का सार कभी-कभी छिपा रह जाता है। अपने मूल में, उपचार केवल शारीरिक लक्षणों को दूर करना नहीं है, बल्कि यह एक समग्र प्रयास है जो मन, शरीर, और आत्मा को संबोधित करता है। उपस्थिति की शक्ति, जिसे अक्सर चिकित्सा अभ्यास की आपाधापी में अनदेखा कर दिया जाता है, इस समग्र दृष्टिकोण का एक आधारस्तंभ बनकर उभरती है।

वास्तव में उपस्थित होना, नैदानिक दृष्टिकोण से परे जाकर मरीज को एक सम्पूर्ण व्यक्ति के रूप में पहचानना है, एक ऐसा व्यक्ति जिसके पास एक अनोखी कहानी, अनुभवों, भावनाओं, और आकांक्षाओं का समृद्ध ताना-बाना है। यह स्वीकार करना है कि बीमारी अलग-थलग नहीं होती, बल्कि एक जिए गए जीवन के संदर्भ में होती है। जब एक स्वास्थ्य सेवा प्रदाता सच्ची उपस्थिति के साथ मरीज की दुनिया में कदम रखता है, तो वे गहन समझ, विश्वास और अंततः अधिक प्रभावी देखभाल के लिए द्वार खोलते हैं।

उपस्थिति एक सचेत दृष्टिकोण में बदलाव के साथ शुरू होती है, जो एक निष्पक्ष पर्यवेक्षक की भूमिका से एक संलग्न सहभागी की भूमिका में स्थानांतरित होने का एक जानबूझकर प्रयास है। इसमें आंतरिक और बाहरी दोनों तरह के ध्यान भंग को एक तरफ रखना और हमारे सामने मौजूद व्यक्ति पर ध्यान केंद्रित करना शामिल है। प्रौद्योगिकी और जानकारी के अधिक बोझिल संसार में, यह अप्रत्यक्ष ध्यान का कार्य एक गहन उपहार हो सकता है। यह मरीज को संकेत देता है कि वे केवल लक्षणों के एक संग्रह नहीं, बल्कि एक सम्मान और करुणा के योग्य मानव हैं।

उपस्थिति की शक्ति केवल बोले गए शब्दों तक सीमित नहीं है। नेत्र संपर्क, शरीर की भाषा, और आवाज के स्वर जैसे गैर-मौखिक संकेत बहुत कुछ व्यक्त करते हैं। एक गर्म मुस्कान, एक कोमल स्पर्श, या एक आश्वस्त करने वाला सिर हिलाना सहानुभूति और समझ को उन तरीकों से व्यक्त कर सकते हैं जो केवल शब्द नहीं कर सकते। जब हम वास्तव में उपस्थित होते हैं, तो हमारा गैर-मौखिक संचार हमारे इरादों के साथ संरेखित होता है, एक ऐसी सुरक्षा और संबंध की भावना बनाता है जो मरीज को अपनी चिंताओं को अधिक खुलकर साझा करने की अनुमति देता है।

सक्रिय सुनना उपस्थिति का एक और महत्वपूर्ण घटक है। इसमें न केवल मरीज द्वारा बोले गए शब्दों को सुनना, बल्कि उन शब्दों के पीछे की भावनाओं पर ध्यान देना शामिल है। जब हम गहराई से सुनते हैं, तो हम सूक्ष्म संकेतों को पकड़ते हैं, जैसे हिचकिचाहट, स्वर में बदलाव, या टाली हुई नजरें, जो अनकही आशंकाओं या चिंताओं को प्रकट कर सकती हैं। इन भावनाओं को स्वीकार और मान्यता देकर, हम मरीज के लिए समझे जाने और समर्थित महसूस करने के लिए एक स्थान बनाते हैं।

उपस्थित होने का कार्य कमजोर होने की इच्छा भी रखता है। इसका अर्थ है हमारी अपनी मानवता और अपूर्णताओं को स्वीकार करना, और यह पहचानना कि हम भी दर्द, डर, और अनिश्चितता के प्रति संवेदनशील हैं। जब हम खुद को मरीज के अनुभव से प्रभावित होने देते हैं, तो हम प्रामाणिकता और संबंध की एक साझा जगह बनाते हैं। यह कमजोरी, कमजोरी नहीं बल्कि ताकत का स्रोत बन जाती है, जो हमें अपने मरीजों के साथ गहरे संबंध बनाने और अधिक करुणामय देखभाल

प्रदान करने में सक्षम बनाती है।

उपस्थिति के लाभ अनेक हैं। मरीज के लिए, यह चिंता को कम कर सकता है, स्वास्थ्य सेवा प्रदाता में विश्वास बढ़ा सकता है, और उपचार योजनाओं के प्रति बेहतर अनुपालन कर सकता है। यह उन्हें अपने देखभाल में अधिक शामिल होने का एहसास भी दिला सकता है। स्वास्थ्य सेवा प्रदाता के लिए, उपस्थिति बेहतर नौकरी संतोष, थकावट में कमी, और उद्देश्य की नई भावना ला सकती है। यह नैदानिक निर्णय लेने में भी सुधार कर सकता है, क्योंकि प्रदाता मरीज की जरूरतों और प्राथमिकताओं की अधिक व्यापक समझ प्राप्त करता है।

उपस्थिति को विकसित करना एक सतत यात्रा है, जिसमें उद्देश्य, आत्म-जागरूकता, और आजीवन सीखने की प्रतिबद्धता की आवश्यकता होती है। इसमें माइंडफुलनेस, सहानुभूति, और सक्रिय सुनने जैसे कौशल विकसित करना, साथ ही खुद और दूसरों के लिए गहरी करुणा पैदा करना शामिल है। जबकि आधुनिक स्वास्थ्य सेवा की माँगें पूरी तरह उपस्थित होने को कभी-कभी चुनौतीपूर्ण बना सकती हैं, इसके पुरस्कार अपार हैं।

उपस्थिति की शक्ति केवल एक सैद्धांतिक अवधारणा नहीं है, बल्कि एक ठोस बल है जो स्वास्थ्य सेवा के अनुभव को बदल सकती है। मरीज को एक सम्पूर्ण व्यक्ति के रूप में पहचान कर, स्वास्थ्य सेवा प्रदाता मानवीय संबंध की उपचार क्षमता को पा सकते हैं और देखभाल की एक अधिक करुणामय और प्रभावी प्रणाली बना सकते हैं। एक ऐसा संसार, जो अक्सर बिखरा हुआ और असंवेदनशील महसूस होता है, उसमें केवल उपस्थित होने का सरल कार्य एक आशा की किरण बन सकता है, हमें याद दिलाता है कि दुःख के बीच भी, हम अकेले नहीं हैं।

स्वास्थ्य सेवा के ताने-बाने में, करुणा वह धागा है जो हमें बाँधता है, चिकित्सा की कला और विज्ञान को एक साथ बुनता है। यह वह कोमल स्पर्श है जो व्यथित हृदय को शांत करता है, वह सुनने वाला कान है जो अनकही आशंकाओं को सुनता है, और वह मार्गदर्शक हाथ है जो आशा और संपूर्णता की ओर ले जाता है।

2

शब्दों से परे: स्वास्थ्य सेवा में गैर-मौखिक संचार का प्रभाव

मानव संपर्क की जटिल नृत्य में, शब्द अक्सर मुख्य भूमिका निभाते हैं। हम वाक्य गढ़ते हैं, विचार व्यक्त करते हैं, और भाषा के माध्यम से जानकारी संप्रेषित करते हैं। फिर भी, मौखिक संचार की सतह के नीचे गैर-मौखिक संकेतों का एक समृद्ध ताना-बाना होता है, जो हमारी समझ को आकार देता है, हमारे रिश्तों को प्रभावित करता है, और विशेष रूप से स्वास्थ्य सेवा के क्षेत्र में हमारे अनुभवों पर गहरा प्रभाव डालता है।

गैर-मौखिक संचार में व्यवहारों की एक विस्तृत श्रृंखला शामिल है, जैसे चेहरे के भाव, शारीरिक भाषा, स्वर, और यहां तक कि स्थान का उपयोग। यह एक मूक भाषा है जो बहुत कुछ कहती है, अक्सर शब्दों से अधिक। स्वास्थ्य सेवा के संदर्भ में, जहां भावनाएँ उच्चतम स्तर पर होती हैं और दांव महत्वपूर्ण होते हैं, गैर-मौखिक संचार विश्वास बनाने, संबंध को बढ़ावा देने, और अंततः उपचार को सुगम बनाने में महत्वपूर्ण भूमिका निभाता है।

एक साधारण गर्म मुस्कान के सरल कार्य पर विचार करें। यह तुरंत एक चिंतित मरीज को सहज कर सकता है, सहानुभूति और समझ व्यक्त कर सकता है, और सुरक्षा की भावना पैदा कर सकता है। बांह पर एक कोमल स्पर्श आश्वासन और

आराम प्रदान कर सकता है, जबकि एक भ्रूभंग चिंता या उलझन को प्रकट कर सकता है। यहां तक कि एक स्वास्थ्य सेवा प्रदाता का बैठने या खड़े होने का तरीका भी खुलापन या दूरी, ध्यान या व्याकुलता का संचार कर सकता है। ये सूक्ष्म संकेत, जो अक्सर अवचेतन और क्षणिक होते हैं, मरीज के अनुभव पर गहरा प्रभाव डाल सकते हैं।

चेहरे के भाव शायद गैर-मौखिक संचार का सबसे शक्तिशाली रूप हैं। वे भावनाओं की एक विस्तृत श्रृंखला व्यक्त करते हैं, खुशी और उत्तेजना से लेकर उदासी, डर, और क्रोध तक। स्वास्थ्य सेवा के संदर्भ में, जहां मरीज कमजोर और चिंतित हो सकते हैं, चेहरे के भाव उनकी चिंताओं को बढ़ा सकते हैं या कम कर सकते हैं। एक सहानुभूतिपूर्ण मुस्कान आश्वासन प्रदान कर सकती है, जबकि चिंता की झलक अलार्म उत्पन्न कर सकती है। स्वास्थ्य सेवा प्रदाता जो अपने और अपने मरीजों के चेहरे के भावों के प्रति जागरूक होते हैं, वे एक अधिक सहायक और सहानुभूतिपूर्ण वातावरण बना सकते हैं।

शारीरिक भाषा भी गैर-मौखिक संचार में एक महत्वपूर्ण भूमिका निभाती है। मुद्रा, हावभाव, और यहां तक कि किसी की नजर की दिशा भी किसी व्यक्ति के विचारों और भावनाओं के बारे में बहुत कुछ प्रकट कर सकती है। एक स्वास्थ्य सेवा प्रदाता जो आगे झुकता है और आंखों का संपर्क बनाए रखता है, ध्यान और जुड़ाव व्यक्त करता है, जबकि जो अपनी बाहें क्रॉस करता है और नजरें फेर लेता है, वह उदासीन या गैर-रुचि प्रदर्शित कर सकता है। मरीज भी अपनी जरूरतों और चिंताओं को व्यक्त करने के लिए शारीरिक भाषा का उपयोग करते हैं। एक मुट्ठी कसकर बंद होना गुस्सा या निराशा को इंगित कर सकता है, जबकि झुकी हुई मुद्रा थकावट या निराशा का सुझाव दे सकती है।

स्वर भी एक शक्तिशाली गैर-मौखिक संकेत है। यह गर्मजोशी और सहानुभूति या ठंडापन और उदासीनता व्यक्त कर सकता है। एक शांत स्वर एक भयभीत मरीज को शांत कर सकता है, जबकि कठोर स्वर उनकी चिंता को बढ़ा सकता है। यहां तक कि बोलने की गति और आवाज का स्तर भी संचार को प्रभावित कर सकता है। बहुत तेज बोलना मरीज को अभिभूत कर सकता है, जबकि बहुत धीमी आवाज उन्हें समझने में कठिनाई दे सकती है। जो स्वास्थ्य सेवा प्रदाता अपने स्वर के प्रति जागरूक होते हैं, वे एक अधिक स्वागतपूर्ण और सहायक माहौल बना सकते

हैं।

स्थान का उपयोग, जिसे प्रॉक्सेमिक्स कहा जाता है, गैर-मौखिक संचार का एक और पहलू है जो स्वास्थ्य सेवा सेटिंग्स में संपर्कों को प्रभावित कर सकता है। विभिन्न संस्कृतियों में व्यक्तिगत स्थान के अलग-अलग मानदंड होते हैं, और स्वास्थ्य सेवा प्रदाताओं को इन भिन्नताओं के प्रति संवेदनशील होना चाहिए। उपयुक्त दूरी बनाए रखना मरीजों को आरामदायक और सम्मानित महसूस करा सकता है, जबकि बहुत करीब जाना उन्हें असहज या असुरक्षित महसूस करा सकता है।

इन व्यक्तिगत संकेतों के अलावा, स्वास्थ्य सेवा सेटिंग का समग्र गैर-मौखिक वातावरण मरीज के अनुभवों को महत्वपूर्ण रूप से प्रभावित कर सकता है। उदाहरण के लिए, एक गर्म और आमंत्रित प्रतीक्षालय मरीजों को अधिक आरामदायक और सहज महसूस करा सकता है। इसके विपरीत, एक ठंडा और नीरस वातावरण उनकी चिंता को बढ़ा सकता है। स्वास्थ्य सेवा प्रदाताओं का एक-दूसरे के साथ बातचीत करने का तरीका भी मरीजों को गैर-मौखिक संदेश भेजता है। एक टीम जो सामंजस्यपूर्ण और सहायक दिखती है, आत्मविश्वास को प्रेरित कर सकती है, जबकि जो असंगत या टकरावपूर्ण लगती है, वह चिंताएँ बढ़ा सकती है।

स्वास्थ्य सेवा में गैर-मौखिक संचार का प्रभाव केवल मरीज-प्रदाता संबंध तक सीमित नहीं है। यह स्वास्थ्य सेवा पेशेवरों के बीच संचार को भी प्रभावित करता है, सहयोग, निर्णय-लेने, और अंततः मरीज के परिणामों को प्रभावित करता है। जब सहयोगी गैर-मौखिक रूप से प्रभावी ढंग से संवाद करते हैं, तो वे अधिक संभावना रखते हैं कि विश्वास बनाए, खुलकर जानकारी साझा करें, और सहजता से काम करें। इसका परिणाम बेहतर मरीज देखभाल में होता है।

गैर-मौखिक संचार के महत्व को पहचानना स्वास्थ्य सेवा सेटिंग्स में इसकी शक्ति का उपयोग करने की दिशा में पहला कदम है। स्वास्थ्य सेवा प्रदाता प्रशिक्षण, आत्म-चिंतन, और सहयोगियों और मरीजों से प्राप्त फीडबैक के माध्यम से अपनी गैर-मौखिक कौशल को बढ़ा सकते हैं। अपने और दूसरों के गैर-मौखिक संकेतों पर ध्यान देने से अधिक जागरूकता और समझ विकसित हो

सकती है, जो अधिक अर्थपूर्ण और प्रभावी संपर्कों को बढ़ावा देती है।

गैर-मौखिक संचार की गहरी समझ विकसित करके, स्वास्थ्य सेवा प्रदाता एक अधिक करुणामय और मरीज-केंद्रित वातावरण बना सकते हैं। वे अपने मरीजों के साथ मजबूत रिश्ते बना सकते हैं, विश्वास और सामंजस्य को बढ़ावा दे सकते हैं, और अंततः स्वास्थ्य परिणामों में सुधार कर सकते हैं। एक ऐसी दुनिया में, जहां अक्सर शब्द कम पड़ जाते हैं, गैर-मौखिक संचार इस अंतर को पाट सकता है, उपचार और संबंध के लिए एक शक्तिशाली उपकरण प्रदान कर सकता है।

निदान और उपचार योजनाओं की नीरस सीमाओं से परे, मानव संपर्क का असीम क्षेत्र है। इस क्षेत्र में, करुणा सर्वोच्च है, ठंडी मुलाकातों को साझा मानवता के पवित्र क्षणों में बदल देती है। सहानुभूति के माध्यम से, हम आत्म और अन्य की सीमाओं को पार करते हैं, प्रत्येक व्यक्ति की निहित गरिमा और मूल्य को पहचानते हैं।

3

सक्रिय सुनना: मरीजों की अनकही आवश्यकताओं को सुनना

स्वास्थ्य सेवा की जटिल सरगम में, जहाँ विज्ञान और करुणा का संगम होता है, सुनने का कार्य उपचार का एक शक्तिशाली उपकरण बनकर उभरता है। फिर भी, सच्चा सुनना केवल मरीजों द्वारा बोले गए शब्दों को सुनने से कहीं अधिक होता है। यह एक गहन स्तर की संलग्नता है, सतह से परे जाने और संचार की सूक्ष्मताओं में छिपी अनकही आवश्यकताओं को उजागर करने की तत्परता है। सक्रिय सुनना, सहानुभूतिपूर्ण देखभाल का एक आधारस्तंभ, न केवल यह सुनने की कला है कि क्या कहा जा रहा है, बल्कि उन अंतर्निहित भावनाओं, भय और इच्छाओं को समझने की भी है जो स्पष्ट रूप से व्यक्त नहीं की जातीं।

अपने मूल में, सक्रिय सुनना जागरूकता और सतर्कता का एक सचेत और जानबूझकर किया गया कार्य है। इसमें आंतरिक और बाहरी दोनों प्रकार के ध्यान भंग को एक तरफ रखना और हमारे सामने मौजूद व्यक्ति पर पूरी तरह ध्यान केंद्रित करना शामिल है। यह उनके अनुभवों के बारे में वास्तविक जिज्ञासा, निर्णय को स्थगित करने की इच्छा, और उनके संदेश को पूरी तरह ग्रहण करने के लिए खुलापन की आवश्यकता होती है। एक ऐसी दुनिया में जो अक्सर दक्षता और

उत्पादकता को प्राथमिकता देती है, यह अविभाजित ध्यान का कार्य एक गहन उपहार हो सकता है, मरीज को यह संकेत देते हुए कि वे देखे गए हैं, सुने गए हैं, और मूल्यवान हैं।

सक्रिय सुनने का पहला कदम एक सुरक्षित और स्वागतपूर्ण स्थान बनाना है जहाँ मरीज अपने विचारों और भावनाओं को साझा करने में सहज महसूस करें। इसमें विश्वास स्थापित करना, सहानुभूति व्यक्त करना, और मौखिक और गैर-मौखिक संकेतों के माध्यम से जुड़ाव बनाना शामिल है। एक गर्म मुस्कान, एक कोमल स्पर्श, या एक आश्वस्त सिर हिलाना संबंध स्थापित करने और खुलेपन को प्रोत्साहित करने में बहुत मदद कर सकता है।

एक बार जब सुरक्षा की भावना स्थापित हो जाती है, अगला कदम मरीज के शब्दों के साथ सक्रिय रूप से जुड़ना है। इसका अर्थ है उनके संदेश की सामग्री पर ध्यान देना और साथ ही उसके पीछे की भावनाओं पर भी। क्या वे भय, चिंता, या हताशा व्यक्त कर रहे हैं? क्या वे आशावादी, सकारात्मक, या निराश हैं? इन भावनात्मक प्रवाहों पर ध्यान देकर, हम उनकी आवश्यकताओं और चिंताओं की गहरी समझ प्राप्त कर सकते हैं।

सक्रिय सुनने में अक्सर बोले गए शब्दों के साथ आने वाले गैर-मौखिक संकेतों पर ध्यान देना भी शामिल है। चेहरे के भाव, शारीरिक भाषा, और स्वर किसी व्यक्ति की भावनात्मक स्थिति के बारे में बहुत कुछ बता सकते हैं। एक भ्रूभंग उलझन या चिंता को दर्शा सकता है, जबकि एक मुट्ठी कसी हुई गुस्सा या निराशा को प्रकट कर सकती है। इन गैर-मौखिक संकेतों का अवलोकन करके, हम मरीज की अनकही आवश्यकताओं के बारे में मूल्यवान अंतर्दृष्टि प्राप्त कर सकते हैं।

यह सुनिश्चित करने के लिए कि हम वास्तव में मरीज के संदेश को समझ रहे हैं, जो सुना गया है उसे दोहराना या परावर्तित करना महत्वपूर्ण है। यह पैराफ्रेजिंग, सारांश देने, या केवल मुख्य वाक्यांशों को दोहराने के माध्यम से किया जा सकता है। ऐसा करने से, हम न केवल अपनी समझ की पुष्टि करते हैं, बल्कि मरीज को उनके विचारों और भावनाओं को स्पष्ट करने या विस्तार से बताने का अवसर भी देते हैं। यह परावर्तन की प्रक्रिया अनकही आवश्यकताओं को उजागर करने में विशेष रूप से सहायक हो सकती है, क्योंकि यह मरीज को अपनी भावनाओं की

अधिक गहराई से पड़ताल करने के लिए प्रेरित करती है।

सक्रिय सुनने का एक और प्रमुख पहलू खुला-प्रश्न पूछना है। ये ऐसे प्रश्न होते हैं जिनका उत्तर केवल हाँ या नहीं में नहीं दिया जा सकता, बल्कि मरीज को उनके विचारों और भावनाओं को अधिक विस्तार से साझा करने के लिए आमंत्रित करते हैं। उदाहरण के लिए, "क्या आपको दर्द हो रहा है?" पूछने के बजाय, हम पूछ सकते हैं, "आप जो महसूस कर रहे हैं उसके बारे में और बता सकते हैं?" खुला-प्रश्न अनकही आवश्यकताओं को उजागर करने के लिए एक शक्तिशाली उपकरण हो सकते हैं, क्योंकि वे मरीज को खुद को अधिक स्पष्ट रूप से व्यक्त करने के लिए प्रोत्साहित करते हैं।

मौन भी सक्रिय सुनने में एक मूल्यवान उपकरण हो सकता है। मौन के क्षणों की अनुमति देकर, हम मरीज को उनके विचारों और भावनाओं को व्यवस्थित करने के लिए स्थान देते हैं, और हम उनके अपनी गति से साझा करने की प्रतीक्षा करने की अपनी तत्परता का संकेत देते हैं। यह संवेदनशील या भावनात्मक रूप से गहन विषयों से निपटने के समय विशेष रूप से महत्वपूर्ण हो सकता है।

स्वास्थ्य सेवा में सक्रिय सुनने के लाभ अनेक हैं। मरीजों के लिए, यह चिंता को कम कर सकता है, स्वास्थ्य सेवा प्रदाता में विश्वास बढ़ा सकता है, और उपचार योजनाओं के प्रति बेहतर अनुपालन कर सकता है। यह उन्हें उनकी देखभाल में अधिक शामिल होने और सशक्त महसूस कराने का एहसास भी दिला सकता है। स्वास्थ्य सेवा प्रदाताओं के लिए, सक्रिय सुनना बेहतर नौकरी संतोष, थकावट में कमी, और उद्देश्य की नई भावना ला सकता है। यह नैदानिक निर्णय लेने में भी सुधार कर सकता है, क्योंकि प्रदाता मरीज की जरूरतों और प्राथमिकताओं की अधिक व्यापक समझ प्राप्त करता है।

एक ऐसी दुनिया में जो अक्सर हड़बड़ी और असंवेदनशील महसूस होती है, वास्तव में सुनने का कार्य मरीजों और स्वास्थ्य सेवा प्रदाताओं दोनों के लिए एक परिवर्तनकारी अनुभव हो सकता है। सक्रिय सुनने की शक्ति को अपनाकर, हम एक अधिक सहानुभूतिपूर्ण और मरीज-केंद्रित स्वास्थ्य सेवा प्रणाली बना सकते हैं, जहाँ मरीज की अनकही आवश्यकताओं को ध्यानपूर्वक सुना, समझा, और सम्मान के साथ पूरा किया जाता है।

सक्रिय सुनना समझ का द्वार है, एक ऐसा पुल जो हमें हमारे मरीजों की अनकही आवश्यकताओं और भय से जोड़ता है। यह सहानुभूति का एक मूक संगीत है, जहाँ अनकहे शब्द बोले गए शब्दों से अधिक गूँजते हैं, और हमें देखभाल और संबंध के एक गहरे स्तर की ओर ले जाते हैं।

4

करुणा की क्रिया: मरीज के अनुभव को समझना और साझा करना

स्वास्थ्य सेवा के जटिल परिदृश्य में, जहाँ विज्ञान और करुणा का संगम होता है, सहानुभूति एक प्रकाशस्तंभ बनकर उभरती है, जो उपचार और संबंध की राह को उजागर करती है। केवल सहानुभूति से अधिक, सहानुभूति वह गहरी क्षमता है जो किसी अन्य व्यक्ति की भावनाओं को समझने और साझा करने में सक्षम बनाती है, उनके स्थान पर खुद को रखकर उनकी दुनिया को उनके दृष्टिकोण से अनुभव करने का प्रयास करती है। स्वास्थ्य सेवा के संदर्भ में, यह मरीज-केंद्रित देखभाल का आधार है, एक परिवर्तनकारी शक्ति जो पीड़ा को कम कर सकती है, विश्वास को बढ़ावा दे सकती है, और अंततः उपचार प्रक्रिया को बेहतर बना सकती है।

सहानुभूति की क्रिया मरीज के दर्द या असुविधा को पहचानने से आगे बढ़कर उनके भावनात्मक और मानसिक परिदृश्य में डूबने, उनके अनुभवों, डर और आशाओं की अनोखी संरचना को पहचानने तक जाती है। यह अपनी पूर्वधारणाओं और निर्णयों को एक ओर रखने, गहराई से सुनने, और मरीज की भावनाओं को बिना किसी अनचाही सलाह या समाधान के सत्यापित करने का एक सचेत विकल्प है। यह उपस्थित रहने, उनके दुःख का साक्षी बनने, और बिना उन्हें बदलने या सुधारने का प्रयास किए समर्थन प्रदान करने की तत्परता है।

सहानुभूति अपने मूल में एक ऐसा पुल है जो दो इंसानों को जोड़ता है और साझा मानवता की भावना को बढ़ावा देता है। जब एक स्वास्थ्य सेवा प्रदाता सहानुभूति दिखाता है, तो वे एक ऐसा सुरक्षित स्थान बनाते हैं जहाँ मरीज खुद को देखा, सुना और समझा हुआ महसूस करते हैं। यह संबंध की भावना अत्यधिक उपचारात्मक हो सकती है, क्योंकि यह मरीज को उनकी समस्याओं में अकेला महसूस करने से बचाती है और उन्हें अपनी चुनौतियों का सामना करने के लिए अधिक सशक्त बनाती है।

सहानुभूति की क्रिया "सभी के लिए एक जैसा" दृष्टिकोण नहीं है। यह प्रत्येक मरीज की अनूठी आवश्यकताओं और परिस्थितियों की गहरी समझ की आवश्यकता होती है। कुछ मरीज मौखिक आश्वासन चाहते हैं, जबकि अन्य एक आरामदायक स्पर्श या मूक उपस्थिति पसंद कर सकते हैं। कुछ अपनी भावनाओं को खुलकर व्यक्त करना चाहते हैं, जबकि अन्य शांत और स्थिर रहना पसंद कर सकते हैं। कुंजी यह है कि मरीज के संकेतों पर ध्यान दें और ऐसी प्रतिक्रिया दें जो प्रामाणिक और सहायक हो।

सहानुभूति दिखाने के सबसे शक्तिशाली तरीकों में से एक सक्रिय सुनना है। इसमें केवल मरीज द्वारा बोले गए शब्दों को सुनना ही नहीं, बल्कि उन शब्दों के पीछे की भावनाओं पर ध्यान देना भी शामिल है। इसका अर्थ है बिना बाधित किए, बिना निर्णय लिए, या बिना अनचाही सलाह दिए सुनना। इसका अर्थ है जो सुना गया है उसे मौखिक और गैर-मौखिक रूप से परावर्तित करना, यह सुनिश्चित करने के लिए कि हमने सही समझा है। और इसका अर्थ है मौन को अनुमति देना, मरीज को उनके विचारों और भावनाओं को व्यवस्थित करने का स्थान देना।

सहानुभूति की क्रिया का एक और महत्वपूर्ण पहलू सत्यापन है। इसका अर्थ है मरीज की भावनाओं को स्वीकार करना और मान्यता देना, भले ही हम उन्हें पूरी तरह से समझ न सकें। इसका अर्थ है यह कहना, "मुझे दिख रहा है कि आप डरे हुए हैं," या "यह समझ में आता है कि आप गुस्से में हैं।" सत्यापन का अर्थ मरीज के दृष्टिकोण से सहमत होना नहीं है, बल्कि उनके इस अधिकार को स्वीकार करना है कि वे जो महसूस कर रहे हैं वह वैध है। यह साधारण कार्य अत्यधिक शक्तिशाली हो सकता है, क्योंकि यह सम्मान और समझ को व्यक्त करता है और मरीज को उनकी भावनाओं में अकेला महसूस करने से बचाता है।

सहानुभूति की क्रिया में दृष्टिकोण लेना भी शामिल है, मरीज की आँखों से दुनिया को देखना। इसका अर्थ है उनके सांस्कृतिक पृष्ठभूमि, व्यक्तिगत मूल्यों, और व्यक्तिगत अनुभवों पर विचार करना। इसका अर्थ है खुद से पूछना, "यह व्यक्ति इस स्थिति को कैसे अनुभव कर रहा होगा?" और "उन्हें अभी मुझसे क्या चाहिए?" मरीज के दृष्टिकोण को समझने के लिए समय लेकर, हम उनकी विशिष्ट आवश्यकताओं और प्राथमिकताओं के अनुसार अपनी देखभाल को अनुकूलित कर सकते हैं।

इन व्यक्तिगत कौशलों के अलावा, सहानुभूति की क्रिया में स्वास्थ्य और भलाई को प्रभावित करने वाले सामाजिक और पर्यावरणीय कारकों की व्यापक समझ की भी आवश्यकता होती है। इसमें प्रणालीगत असमानताओं, जैसे जातिवाद, लैंगिक भेदभाव, और गरीबी, के स्वास्थ्य परिणामों को आकार देने में भूमिका को पहचानना शामिल है। इसमें स्वास्थ्य, शिक्षा, और स्वास्थ्य सेवा तक पहुँच जैसे सामाजिक निर्धारकों के प्रभाव के प्रति जागरूक होना भी शामिल है। इन व्यापक कारकों को स्वीकार करके, स्वास्थ्य सेवा प्रदाता अधिक समग्र और प्रभावी देखभाल प्रदान कर सकते हैं।

सहानुभूति की क्रिया हमेशा आसान नहीं होती। यह भावनात्मक रूप से थका देने वाली हो सकती है, खासकर जब उन मरीजों से निपटना पड़ता है जो अत्यधिक पीड़ा अनुभव कर रहे हों। समय की कमी, नौकरशाही की बाधाएँ, और अन्य प्रणालीगत अवरोधों के सामने सहानुभूति बनाए रखना भी चुनौतीपूर्ण हो सकता है। फिर भी, सहानुभूति की क्रिया के पुरस्कार अनमोल हैं।

मरीजों के लिए, सहानुभूति चिंता को कम कर सकती है, स्वास्थ्य सेवा प्रदाता पर विश्वास बढ़ा सकती है, और उपचार योजनाओं के प्रति बेहतर अनुपालन को प्रोत्साहित कर सकती है। यह उन्हें उनकी देखभाल में अधिक शामिल होने और सशक्त महसूस कराने का एहसास भी दिला सकती है। स्वास्थ्य सेवा प्रदाताओं के लिए, सहानुभूति बेहतर नौकरी संतोष, थकावट में कमी, और उद्देश्य की नई भावना ला सकती है। यह नैदानिक निर्णय लेने में भी सुधार कर सकती है, क्योंकि प्रदाता मरीज की जरूरतों और प्राथमिकताओं की अधिक व्यापक समझ प्राप्त करता है।

सहानुभूति की क्रिया केवल एक "अच्छी बात" नहीं है; यह गुणवत्ता स्वास्थ्य सेवा का एक मूलभूत पहलू है। यह एक ऐसा कौशल है जिसे सीखा और विकसित किया जा सकता है, और यह वह है जिसमें स्वास्थ्य सेवा अनुभव को मरीजों और प्रदाताओं दोनों के लिए बदलने की शक्ति है। सहानुभूति की क्रिया को अपनाकर, हम एक अधिक सहानुभूतिपूर्ण और मरीज-केंद्रित स्वास्थ्य सेवा प्रणाली बना सकते हैं, जहाँ देखभाल और संबंध उपचार के केंद्र में हों।

दुःख के सामने, करुणा हमारी सबसे प्रभावशाली औषधि है। यह वह मरहम है जो घायल आत्मा को शांत करता है, वह प्रकाश है जो निराशा के अंधकार को भेदता है, और वह पुल है जो हमें मानव आत्मा की दृढ़ता से जोड़ता है।

5

भरोसा बनाना: मरीजों के लिए उनकी चिंताओं को साझा करने का सुरक्षित स्थान बनाना

स्वास्थ्य सेवा के जटिल नृत्य में, भरोसा एक उपचारात्मक संबंध का आधार बनकर उभरता है। यह वह नींव है जिस पर प्रभावी संचार, सहयोग, और उपचार निर्मित होते हैं। जब मरीज अपने स्वास्थ्य सेवा प्रदाताओं पर भरोसा करते हैं, तो वे अपनी चिंताओं को खुले तौर पर साझा करने, उपचार योजनाओं का पालन करने, और सकारात्मक स्वास्थ्य परिणाम अनुभव करने की अधिक संभावना रखते हैं। भरोसा बनाना एक निष्क्रिय प्रक्रिया नहीं है; यह एक जानबूझकर किया गया प्रयास है, जिसमें सहानुभूति और एक ऐसा सुरक्षित स्थान बनाने की प्रतिबद्धता होती है जहाँ मरीज सुने, सम्मानित, और मूल्यवान महसूस करते हैं।

भरोसा केवल स्वास्थ्य सेवा प्रदाता की क्षमता में विश्वास का मामला नहीं है; यह उनकी अखंडता, भलाई, और विश्वसनीयता में व्यापक आत्मविश्वास को शामिल करता है। मरीज यह जानना चाहते हैं कि उनके प्रदाता उनके सर्वोत्तम हितों को ध्यान में रखते हैं, कि उनके साथ सम्मान और गरिमा के साथ व्यवहार किया जाएगा, और उनकी चिंताओं को गंभीरता से लिया जाएगा। जब भरोसा मौजूद

होता है, तो मरीज अपनी देखभाल में सक्रिय रूप से भाग लेने के लिए सशक्त महसूस करते हैं, जिससे बेहतर स्वास्थ्य परिणाम और एक अधिक सकारात्मक स्वास्थ्य सेवा अनुभव होता है।

मरीजों के लिए उनकी चिंताओं को साझा करने का एक सुरक्षित स्थान बनाना भरोसा बनाने का एक मौलिक पहलू है। इसमें ऐसा वातावरण बनाना शामिल है जहाँ मरीज अपने डर, चिंताओं, और कमजोरियों को बिना किसी निर्णय या उपेक्षा के भय के व्यक्त करने में सहज महसूस करते हैं। इसका अर्थ है ऐसा स्थान बनाना जहाँ वे सुने, समझे, और समर्थित महसूस करें।

सक्रिय सुनना एक सुरक्षित स्थान बनाने का आधार है। इसमें न केवल मरीजों द्वारा बोले गए शब्दों को सुनना, बल्कि उन शब्दों के पीछे की भावनाओं पर भी ध्यान देना शामिल है। इसका अर्थ है बिना बाधित किए, बिना निर्णय लिए, या बिना अनचाही सलाह दिए सुनना। इसका अर्थ है जो सुना गया है उसे मौखिक और गैर-मौखिक रूप से परावर्तित करना, यह सुनिश्चित करने के लिए कि हमने सही समझा है। और इसका अर्थ है मौन को अनुमति देना, मरीजों को उनके विचारों और भावनाओं को व्यवस्थित करने का स्थान देना।

सहानुभूति भरोसा बनाने का एक और महत्वपूर्ण घटक है। इसमें मरीज की भावनाओं को समझना और साझा करना, उनकी दुनिया को उनके दृष्टिकोण से देखना, और उनकी भावनाओं को मान्यता देना शामिल है। जब मरीज समझे और सहानुभूति महसूस करते हैं, तो वे अपने स्वास्थ्य सेवा प्रदाताओं पर अधिक भरोसा करने और अपनी चिंताओं को साझा करने में अधिक सहज महसूस करते हैं।

पारदर्शिता भी भरोसा बनाने के लिए आवश्यक है। इसका अर्थ है मरीजों के निदान, उपचार विकल्पों, और रोग-निदान के बारे में खुले और ईमानदार रहना। इसका अर्थ है चिकित्सा जानकारी को आसानी से समझने वाले तरीके से समझाना और प्रश्नों का ईमानदारी और पूर्णता से उत्तर देना। जब मरीज अपनी देखभाल में सूचित और शामिल महसूस करते हैं, तो वे अपने स्वास्थ्य सेवा प्रदाताओं पर अधिक भरोसा करते हैं और अपने निर्णयों में अधिक आत्मविश्वास महसूस करते हैं।

सम्मान भरोसे का एक और प्रमुख तत्व है। इसका अर्थ है मरीजों के साथ उनकी पृष्ठभूमि, विश्वास, या परिस्थितियों की परवाह किए बिना सम्मान और शिष्टता के साथ व्यवहार करना। इसका अर्थ है उनके स्वायत्तता का सम्मान करना और उनकी देखभाल के बारे में निर्णय लेने में उन्हें शामिल करना। जब मरीज सम्मानित और मूल्यवान महसूस करते हैं, तो वे अपने स्वास्थ्य सेवा प्रदाताओं पर अधिक भरोसा करते हैं और अपनी चिंताओं को साझा करने में अधिक सहज महसूस करते हैं।

गोपनीयता स्वास्थ्य सेवा में भरोसे का एक महत्वपूर्ण पहलू है। मरीजों को यह जानने की आवश्यकता है कि उनकी व्यक्तिगत जानकारी गोपनीय और सुरक्षित रखी जाएगी। स्वास्थ्य सेवा प्रदाताओं के पास मरीज की गोपनीयता बनाए रखने की कानूनी और नैतिक जिम्मेदारी है, और इस भरोसे का किसी भी प्रकार का उल्लंघन मरीज और प्रदाता दोनों के लिए गंभीर परिणाम ला सकता है।

भरोसा बनाना समय और प्रयास लेता है। यह एक सतत प्रक्रिया है जिसमें निरंतर संचार, सहानुभूति, और सम्मान की आवश्यकता होती है। यह गलतियों को स्वीकार करने और उनसे सीखने की इच्छा भी रखता है। जब स्वास्थ्य सेवा प्रदाता गलतियाँ करते हैं, तो यह महत्वपूर्ण है कि वे ईमानदारी से माफी माँगें, जिम्मेदारी लें, और मरीज के साथ भरोसे को फिर से बनाने के लिए काम करें।

स्वास्थ्य सेवा में भरोसा बनाने के लाभ अनेक हैं। मरीजों के लिए, भरोसा चिंता को कम कर सकता है, उपचार योजनाओं के प्रति पालन को बढ़ा सकता है, और स्वास्थ्य परिणामों में सुधार कर सकता है। यह उन्हें उनकी देखभाल में अधिक शामिल होने और सशक्त महसूस कराने का एहसास भी दिला सकता है। स्वास्थ्य सेवा प्रदाताओं के लिए, भरोसा बेहतर नौकरी संतोष, थकावट में कमी, और बेहतर मरीज परिणाम ला सकता है। यह संचार और सहयोग को भी बढ़ा सकता है, जिससे अधिक प्रभावी और कुशल देखभाल हो सकती है।

स्वास्थ्य सेवा की बढ़ती जटिलता और विशेषज्ञता के युग में, भरोसे का महत्व अत्यधिक है। मरीजों के लिए उनकी चिंताओं को साझा करने का एक सुरक्षित स्थान बनाकर, स्वास्थ्य सेवा प्रदाता मजबूत और स्थायी संबंध बना सकते हैं जो

उपचार, भलाई, और एक अधिक सकारात्मक स्वास्थ्य सेवा अनुभव को बढ़ावा देते हैं।

भरोसा उपचारात्मक संबंध की आधारशिला है, एक नाजुक बंधन जो परस्पर सम्मान, ईमानदारी, और संवेदनशीलता पर आधारित है। मरीजों के लिए उनकी चिंताओं को साझा करने का सुरक्षित स्थान बनाकर, हम उन्हें उनके उपचार की यात्रा में सक्रिय रूप से भाग लेने के लिए सशक्त बनाते हैं।

6

साझा निर्णय-निर्माण: मरीजों को उनके स्वास्थ्य यात्रा में सशक्त बनाना

स्वास्थ्य सेवा के निरंतर विकसित हो रहे परिदृश्य में, पारंपरिक पितृसत्तात्मक मॉडल, जहाँ चिकित्सक उपचार निर्णयों का निर्देश देते थे, धीरे-धीरे एक अधिक सहयोगात्मक और मरीज-केंद्रित दृष्टिकोण की ओर बढ़ रहा है। साझा निर्णय-निर्माण (SDM), इस दृष्टिकोण बदलाव का एक आधारस्तंभ है, जो मरीजों को उनकी स्वास्थ्य यात्रा में सक्रिय रूप से भाग लेने के लिए सशक्त बनाता है, आत्मनिर्भरता, साझेदारी, और सूचित विकल्प की भावना को बढ़ावा देता है।

साझा निर्णय-निर्माण अपने मूल में एक सहयोगात्मक प्रक्रिया है, जहाँ मरीज और स्वास्थ्य सेवा प्रदाता उपचार विकल्पों के बारे में सूचित निर्णय लेने के लिए मिलकर काम करते हैं। यह मानता है कि मरीज अपने जीवन, मूल्यों, और प्राथमिकताओं के विशेषज्ञ हैं, जबकि स्वास्थ्य सेवा प्रदाता उनके निर्णय-निर्माण प्रक्रिया में मार्गदर्शन करने के लिए आवश्यक चिकित्सा ज्ञान और विशेषज्ञता रखते हैं। अपनी अनोखी दृष्टिकोण और ज्ञान को मिलाकर, मरीज और प्रदाता ऐसे निर्णयों पर पहुँच सकते हैं जो मरीज के मूल्यों और लक्ष्यों के साथ संरेखित होते हैं, जिससे बेहतर स्वास्थ्य परिणाम और देखभाल से अधिक संतोष मिलता है।

साझा निर्णय-निर्माण की नींव खुला और पारदर्शी संचार है। स्वास्थ्य सेवा प्रदाताओं को ऐसा सुरक्षित और सहायक वातावरण बनाना चाहिए, जहाँ मरीज प्रश्न पूछने, अपनी चिंताओं को व्यक्त करने, और अपनी प्राथमिकताओं को साझा करने में सहज महसूस करें। इसमें स्पष्ट और समझने योग्य भाषा का उपयोग करना, चिकित्सा शब्दजाल से बचना, और मरीज के दृष्टिकोण को सक्रिय रूप से सुनना शामिल है। इसका अर्थ विभिन्न उपचार विकल्पों के संभावित जोखिम और लाभों के साथ-साथ शामिल अनिश्चितताओं के बारे में पारदर्शी होना भी है।

साझा निर्णय-निर्माण को सुविधाजनक बनाने के लिए, स्वास्थ्य सेवा प्रदाता विभिन्न उपकरणों और संसाधनों का उपयोग कर सकते हैं। निर्णय-सहायक उपकरण, उदाहरण के लिए, साक्ष्य-आधारित उपकरण हैं जो मरीजों को विभिन्न उपचार विकल्पों, उनके संभावित जोखिम और लाभ, और अलग-अलग परिणामों की संभावना के बारे में जानकारी प्रदान करते हैं। ये उपकरण मरीजों को जटिल चिकित्सा जानकारी को समझने और ऐसे सूचित निर्णय लेने में मदद कर सकते हैं जो उनके मूल्यों और प्राथमिकताओं के अनुरूप हों।

साझा निर्णय-निर्माण का एक और महत्वपूर्ण पहलू मरीज के मूल्यों और प्राथमिकताओं को जानना और स्पष्ट करना है। इसमें खुले-प्रश्न पूछना, मरीज के उपचार लक्ष्यों का पता लगाना, और उनके लिए सबसे महत्वपूर्ण बातों को समझना शामिल है। मरीज के मूल्यों और प्राथमिकताओं को समझकर, स्वास्थ्य सेवा प्रदाता अपनी सिफारिशों और उपचार योजनाओं को उसी के अनुसार अनुकूलित कर सकते हैं, जिससे मरीज का अधिक संतोष और उपचार योजना का पालन सुनिश्चित होता है।

साझा निर्णय-निर्माण एक "सभी के लिए एक जैसा" दृष्टिकोण नहीं है। यह प्रत्येक मरीज की अनूठी आवश्यकताओं और प्राथमिकताओं को पूरा करने के लिए लचीलापन और अनुकूलनशीलता की आवश्यकता होती है। कुछ मरीज हर निर्णय में सक्रिय रूप से शामिल होना पसंद कर सकते हैं, जबकि अन्य अपने स्वास्थ्य सेवा प्रदाता की विशेषज्ञता पर निर्भर रहना पसंद कर सकते हैं। कुछ निर्णय लेने के लिए अधिक समय और जानकारी की आवश्यकता हो सकती है, जबकि अन्य जल्दी निर्णय लेने के लिए तैयार हो सकते हैं। स्वास्थ्य सेवा प्रदाताओं को इन

व्यक्तिगत अंतरों के प्रति संवेदनशील होना चाहिए और अपने दृष्टिकोण को उसी के अनुसार समायोजित करना चाहिए।

साझा निर्णय-निर्माण के लाभ अनेक हैं। मरीजों के लिए, यह उनके स्थिति के ज्ञान और समझ को बढ़ा सकता है, देखभाल से अधिक संतोष प्रदान कर सकता है, और उपचार योजनाओं के प्रति पालन में सुधार कर सकता है। यह मरीजों को उनके स्वास्थ्य और भलाई की जिम्मेदारी लेने के लिए सशक्त भी कर सकता है, जिससे बेहतर स्वास्थ्य परिणाम प्राप्त हो सकते हैं। स्वास्थ्य सेवा प्रदाताओं के लिए, साझा निर्णय-निर्माण मरीजों के साथ संचार और सहयोग में सुधार कर सकता है, नौकरी से अधिक संतोष प्रदान कर सकता है, और थकावट को कम कर सकता है। यह देखभाल की गुणवत्ता को भी बढ़ा सकता है, यह सुनिश्चित करके कि उपचार निर्णय मरीज के मूल्यों और प्राथमिकताओं के अनुरूप हैं।

साझा निर्णय-निर्माण बिना चुनौतियों के नहीं है। यह समय-साध्य हो सकता है, जिसमें स्वास्थ्य सेवा प्रदाताओं को संचार और शिक्षा में अधिक समय और प्रयास निवेश करने की आवश्यकता होती है। यह जटिल भी हो सकता है, विशेष रूप से उन स्थितियों से निपटने के दौरान जिनमें कई उपचार विकल्प होते हैं जिनके जोखिम और लाभ भिन्न-भिन्न हो सकते हैं। इसके अलावा, कुछ मरीज निर्णय-निर्माण में सक्रिय भूमिका लेने में सहज महसूस नहीं कर सकते हैं, और अपने स्वास्थ्य सेवा प्रदाता की विशेषज्ञता पर निर्भर रहना पसंद कर सकते हैं।

इन चुनौतियों के बावजूद, साझा निर्णय-निर्माण एक मूल्यवान दृष्टिकोण है, जिसमें स्वास्थ्य सेवा परिदृश्य को बदलने की क्षमता है। मरीजों को उनकी देखभाल में सक्रिय रूप से भाग लेने के लिए सशक्त बनाकर, यह साझेदारी और सहयोग की भावना को बढ़ावा देता है, जिससे बेहतर स्वास्थ्य परिणाम और देखभाल से अधिक संतोष मिलता है। जैसे-जैसे स्वास्थ्य सेवा विकसित होती रहती है, साझा निर्णय-निर्माण मरीजों को ऐसी देखभाल सुनिश्चित करने में एक महत्वपूर्ण भूमिका निभाएगा जो व्यक्तिगत, मरीज-केंद्रित, और उनके मूल्यों और लक्ष्यों के अनुरूप हो।

साझा निर्णय-निर्माण सहयोग की कला है, चिकित्सा विशेषज्ञता और मरीज की स्वायत्तता के बीच एक संतुलन। मरीज के मूल्यों, प्राथमिकताओं, और लक्ष्यों का

सम्मान करके, हम एक ऐसा स्वास्थ्य सेवा योजना बनाते हैं जो न केवल प्रभावी बल्कि अर्थपूर्ण और सशक्त भी होती है।

7

मस्तिष्क-शरीर का संबंध: उपचार और भलाई में करुणा की भूमिका

मस्तिष्क और शरीर के बीच के जटिल संबंध सदियों से उत्सुकता और शोध का विषय रहे हैं। प्राचीन दार्शनिकों, आध्यात्मिक परंपराओं, और आधुनिक विज्ञान ने यह समझने का प्रयास किया है कि हमारे विचार, भावनाएँ, और विश्वास हमारे शारीरिक स्वास्थ्य को कैसे प्रभावित करते हैं। हाल के दशकों में, इस संबंध पर शोध का एक बड़ा हिस्सा प्रकाश डाल रहा है, यह उजागर कर रहा है कि हमारी मानसिक और भावनात्मक स्थितियाँ हमारी शारीरिक प्रक्रियाओं, जैसे प्रतिरक्षा प्रणाली और हृदय स्वास्थ्य, पर कितना गहरा प्रभाव डाल सकती हैं। इस मस्तिष्क-शरीर संबंध के केंद्र में करुणा है, एक शक्तिशाली शक्ति जो उपचार को बढ़ावा दे सकती है, भलाई में सुधार कर सकती है, और यहाँ तक कि हमारे जीवनकाल को भी बढ़ा सकती है।

करुणा, जिसे अक्सर दूसरों के दुःख के प्रति गहरी जागरूकता और उसे कम करने की इच्छा के रूप में परिभाषित किया जाता है, केवल एक नैतिक गुण नहीं है बल्कि एक जैविक आवश्यकता है। यह हमारे अस्तित्व के ताने-बाने में बुनी हुई है, जो हमारे रिश्तों, हमारे समुदायों, और अंततः हमारे स्वास्थ्य को आकार देती है। जब

हम करुणा का अनुभव करते हैं, तो हमारा मस्तिष्क ऑक्सीटोसिन, डोपामिन, और सेरोटोनिन जैसे न्यूरोकेमिकल्स का एक प्रवाह छोड़ता है, जो तनाव को कम करने, लचीलापन बढ़ाने, और सामाजिक जुड़ाव को बढ़ाने से जुड़े हुए हैं। ये शारीरिक परिवर्तन, बदले में, हमारे शारीरिक स्वास्थ्य पर गहरा प्रभाव डाल सकते हैं।

करुणा के सबसे प्रलेखित प्रभावों में से एक इसका तनाव को कम करने की क्षमता है। आधुनिक समाज में एक व्यापक समस्या, क्रॉनिक तनाव, हृदय रोग, स्ट्रोक, मधुमेह, और अवसाद जैसी कई स्वास्थ्य समस्याओं से जुड़ा हुआ है। जब हम करुणा का अनुभव करते हैं, तो हमारा शरीर पैरासिम्पेथेटिक तंत्रिका तंत्र को सक्रिय करता है, जो आराम और विश्राम के लिए जिम्मेदार है। यह तनाव के प्रभावों को कम करता है, रक्तचाप, हृदय की गति, और कोर्टिसोल के स्तर को कम करता है।

करुणा प्रतिरक्षा प्रणाली को भी बढ़ावा देने के लिए जानी जाती है। अध्ययनों से पता चला है कि जो लोग करुणा ध्यान का अभ्यास करते हैं, जो स्वयं और दूसरों के प्रति करुणा की भावनाओं को विकसित करने पर केंद्रित एक प्रकार का माइंडफुलनेस ध्यान है, उनमें एंटीबॉडी और प्रतिरक्षा कोशिकाओं के स्तर में वृद्धि होती है। यह बताता है कि करुणा हमारे शरीर की संक्रमणों और बीमारियों से लड़ने की क्षमता को बढ़ा सकती है।

इसके अलावा, करुणा को हृदय स्वास्थ्य में सुधार से जोड़ा गया है। शोध ने दिखाया है कि जो लोग करुणा के मापदंडों पर उच्च स्कोर करते हैं, उनमें रक्तचाप कम होता है, कोलेस्ट्रॉल का स्तर कम होता है, और हृदय रोग का खतरा कम होता है। यह संभवतः इस तथ्य के कारण है कि करुणा तनाव को कम करती है, जो हृदय रोग का एक प्रमुख जोखिम कारक है।

करुणा के लाभ केवल शारीरिक स्वास्थ्य तक सीमित नहीं हैं। यह मानसिक और भावनात्मक भलाई को भी बढ़ावा देती है। अध्ययनों ने पाया है कि जो लोग करुणा का अभ्यास करते हैं, वे अधिक खुशी, जीवन संतोष, और लचीलापन अनुभव करते हैं। उनमें अवसाद, चिंता, और अन्य मानसिक स्वास्थ्य समस्याओं का अनुभव होने की संभावना भी कम होती है।

करुणा सामाजिक रिश्तों में भी महत्वपूर्ण भूमिका निभाती है। जब हम दूसरों के प्रति करुणा दिखाते हैं, तो हम उनके साथ अपने बंधन को मजबूत करते हैं, विश्वास, सहयोग, और पारस्परिक समर्थन को बढ़ावा देते हैं। यह जुड़ाव की भावना हमारे भलाई के लिए आवश्यक है, क्योंकि सामाजिक अलगाव को कई स्वास्थ्य समस्याओं, जिसमें मृत्यु दर में वृद्धि भी शामिल है, से जोड़ा गया है।

करुणा को विकसित करना न केवल हमारे लिए बल्कि हमारे आसपास के लोगों के लिए भी फायदेमंद है। जब हम दूसरों के साथ करुणा के साथ बातचीत करते हैं, तो हम दया और उदारता की एक लहर पैदा करते हैं जो हमारे समुदायों और हमारी दुनिया को बदल सकती है। करुणा को आक्रामकता को कम करने, परोपकारिता को बढ़ाने, और सामाजिक व्यवहार को बढ़ावा देने के लिए दिखाया गया है।

हालांकि करुणा एक प्राकृतिक मानवीय क्षमता है, इसे अभ्यास के माध्यम से विकसित और मजबूत किया जा सकता है। माइंडफुलनेस ध्यान, प्रेमपूर्ण-कृपा ध्यान, और अन्य चिंतनशील अभ्यास करुणा को बढ़ाने के लिए दिखाए गए हैं। बस प्रियजनों के साथ समय बिताना, अपने समुदायों में स्वयंसेवा करना, या दयालुता के कार्यों में संलग्न होना भी करुणा को पोषित करने में मदद कर सकता है।

स्वास्थ्य सेवा के क्षेत्र में, करुणा उपचार प्रक्रिया में महत्वपूर्ण भूमिका निभाती है। जब स्वास्थ्य सेवा प्रदाता अपने मरीजों के प्रति करुणा के साथ पेश आते हैं, तो वे एक सुरक्षित और सहायक वातावरण बनाते हैं जहाँ मरीज सुने, समझे, और मूल्यवान महसूस करते हैं। यह विश्वास, बेहतर संचार, और उपचार योजनाओं का पालन बढ़ा सकता है। करुणामय देखभाल ने मरीजों में दर्द, चिंता, और अवसाद को कम करने के लिए भी दिखाया है।

मस्तिष्क-शरीर का संबंध एक जटिल और बहुआयामी घटना है, और करुणा हमारे स्वास्थ्य और भलाई को प्रभावित करने वाले कई कारकों में से एक है। हालाँकि, साक्ष्य स्पष्ट है: करुणा एक शक्तिशाली शक्ति है जो उपचार को बढ़ावा दे सकती है, भलाई में सुधार कर सकती है, और यहाँ तक कि हमारे जीवनकाल को भी बढ़ा सकती है। जब हम अपने जीवन में करुणा को पोषित करते हैं, तो हम न केवल

अपने लिए लाभ प्राप्त करते हैं बल्कि एक अधिक करुणामय और परस्पर जुड़ी हुई दुनिया में योगदान देते हैं।

मस्तिष्क और शरीर अलग-अलग इकाइयाँ नहीं हैं बल्कि हमारे अस्तित्व के आपस में जुड़े पहलू हैं। करुणा के माध्यम से, हम शरीर की अंतर्निहित बुद्धिमत्ता को समझते हैं, इसकी आत्म-उपचार तंत्र को सक्रिय करते हैं और समग्र भलाई को बढ़ावा देते हैं।

8

उपचारात्मक वातावरण: ऐसे स्थान बनाना जो करुणा और उपचार को बढ़ावा दें

मानव स्वास्थ्य और भलाई पर पर्यावरण के गहरे प्रभाव को लंबे समय से स्वीकार किया गया है, लेकिन स्वास्थ्य सेवा के संदर्भ में यह सबसे स्पष्ट रूप से देखा जा सकता है। अस्पताल, क्लिनिक, और अन्य स्वास्थ्य सेवा सुविधाएँ केवल चिकित्सा प्रक्रियाओं के लिए बाँझ स्थान नहीं हैं; वे ऐसे वातावरण हैं जो उपचार प्रक्रिया में बाधा डाल सकते हैं या उसे सुगम बना सकते हैं। उपचारात्मक वातावरण की अवधारणा इस बात को मान्यता देती है कि शारीरिक स्थान करुणा को बढ़ावा देने, तनाव को कम करने, और मरीजों और स्वास्थ्य सेवा प्रदाताओं दोनों के लिए समग्र भलाई को बढ़ाने में महत्वपूर्ण भूमिका निभाते हैं।

एक उपचारात्मक वातावरण का मुख्य उद्देश्य मन, शरीर, और आत्मा को पोषित करना है। यह एक ऐसा स्थान है जहाँ मरीज सुरक्षित, आरामदायक, और समर्थित महसूस करते हैं, और जहाँ स्वास्थ्य सेवा प्रदाता एक ऐसे माहौल में काम कर सकते हैं जो करुणा को प्रोत्साहित करता है और थकावट को कम करता है। उपचारात्मक वातावरण में विभिन्न तत्व शामिल होते हैं, जैसे वास्तुशिल्प डिजाइन, आंतरिक सज्जा, प्राकृतिक प्रकाश और ध्वनियाँ, जो विश्राम को बढ़ावा

देने, चिंता को कम करने, और समग्र उपचार अनुभव को बेहतर बनाने के लिए बनाए गए हैं।

स्वास्थ्य सेवा सुविधा का भौतिक लेआउट और डिजाइन मरीज के अनुभव पर महत्वपूर्ण प्रभाव डाल सकता है। खुले, हवादार स्थान, जिनमें प्रचुर मात्रा में प्राकृतिक प्रकाश हो, शांति और भलाई की भावना पैदा कर सकते हैं, जबकि तंग, मंद रोशनी वाले क्षेत्र दबाव और चिंता पैदा कर सकते हैं। thoughtfully डिजाइन किए गए तत्व, जैसे घुमावदार दीवारें, हल्के रंग, और प्राकृतिक सामग्री, उपचारात्मक वातावरण को और भी अधिक सुखद बना सकते हैं।

प्रकृति उपचारात्मक वातावरण में एक महत्वपूर्ण भूमिका निभाती है। अध्ययनों से पता चला है कि प्रकृति के संपर्क में आना, भले ही थोड़ी मात्रा में हो, तनाव को कम कर सकता है, रक्तचाप को कम कर सकता है, और मूड में सुधार कर सकता है। स्वास्थ्य सेवा सुविधाओं में प्राकृतिक तत्वों को शामिल करना, जैसे उद्यान, आँगन, और प्रकृति के दृश्य, मरीजों की भलाई पर गहरा प्रभाव डाल सकता है। यहाँ तक कि छोटे प्रयास, जैसे गमले में लगे पौधे या प्रकृति-थीम वाले कलाकृतियाँ, एक अधिक शांतिपूर्ण और पुनर्स्थापना माहौल बना सकते हैं।

ध्वनि भी उपचारात्मक वातावरण में एक महत्वपूर्ण विचार है। शोर प्रदूषण, जो अस्पतालों में एक आम समस्या है, तनाव को बढ़ा सकता है, नींद को बाधित कर सकता है, और उपचार में बाधा डाल सकता है। ध्वनि-अवशोषक सामग्री का उपयोग करना, सफेद शोर वाली मशीनों का उपयोग करना, और शांत क्षेत्रों का निर्माण करना, शोर के स्तर को कम करने और अधिक शांत वातावरण बनाने में मदद कर सकता है। शांत संगीत या प्रकृति की ध्वनियों का उपयोग भी विश्राम को बढ़ावा दे सकता है और चिंता को कम कर सकता है।

प्रकाश उपचारात्मक वातावरण में एक और महत्वपूर्ण तत्व है। प्राकृतिक प्रकाश को सर्केडियन लय को नियमित करने, मूड में सुधार करने, और तनाव को कम करने के लिए दिखाया गया है। स्वास्थ्य सेवा सुविधाओं में प्राकृतिक प्रकाश को अधिकतम करना, बड़े खिड़कियों, स्काईलाइट्स, और प्रकाश अलमारियों के उपयोग के माध्यम से, मरीजों की भलाई पर महत्वपूर्ण प्रभाव डाल सकता है। कृत्रिम प्रकाश को भी इस तरह से डिजाइन किया जा सकता है जो प्राकृतिक प्रकाश

की नकल करता हो, जिसमें तीव्रता और रंग तापमान को समायोजित करने की क्षमता हो, ताकि एक अधिक आरामदायक और पुनर्स्थापना माहौल बनाया जा सके।

रंग भी उपचारात्मक वातावरण में भूमिका निभा सकता है। शोध से पता चला है कि विभिन्न रंग विभिन्न भावनाओं और शारीरिक प्रतिक्रियाओं को प्रेरित कर सकते हैं। ठंडे रंग, जैसे नीला और हरा, आमतौर पर शांत और आरामदायक होते हैं, जबकि गर्म रंग, जैसे पीला और नारंगी, उत्तेजक और ऊर्जावान हो सकते हैं। स्वास्थ्य सेवा सुविधाओं में उपयुक्त रंगों का उपयोग एक अधिक सकारात्मक और सहायक माहौल बनाने में मदद कर सकता है।

उपचारात्मक वातावरण भौतिक स्थान तक ही सीमित नहीं है। मरीजों, स्वास्थ्य सेवा प्रदाताओं, और कर्मचारियों के बीच संपर्क भी महत्वपूर्ण भूमिका निभाते हैं। करुणामय संचार, सम्मानजनक बातचीत, और एक सहायक टीम का माहौल सभी एक अधिक उपचारात्मक वातावरण में योगदान कर सकते हैं। सामूहिक भोजन क्षेत्रों और समूह गतिविधियों जैसे सामाजिक संपर्क और जुड़ाव के अवसर बनाना भी मरीजों की भलाई को बढ़ा सकता है।

उपचारात्मक वातावरण के लाभ केवल मरीजों तक सीमित नहीं हैं। स्वास्थ्य सेवा प्रदाता जो सहायक और पुनर्स्थापना वातावरण में काम करते हैं, उनके थकावट, करुणा थकान, और अन्य तनाव-संबंधी समस्याओं का अनुभव करने की संभावना कम होती है। इससे नौकरी संतोष, उत्पादकता, और बेहतर मरीज परिणामों में सुधार हो सकता है।

उपचारात्मक वातावरण बनाना एक सतत प्रक्रिया है जिसमें सभी हितधारकों, जैसे वास्तुकारों, डिजाइनरों, स्वास्थ्य सेवा प्रदाताओं, प्रशासकों, और मरीजों, का सहयोग और प्रतिबद्धता की आवश्यकता होती है। साक्ष्य-आधारित डिजाइन सिद्धांतों को शामिल करके और मरीजों और कर्मचारियों दोनों की जरूरतों को प्राथमिकता देकर, स्वास्थ्य सेवा सुविधाएँ ऐसे स्थान बना सकती हैं जो वास्तव में करुणा, उपचार, और भलाई को बढ़ावा देते हैं।

उपचारात्मक वातावरण शांति और सुकून के मंदिर हैं, जहाँ आत्मा विश्राम कर

सकती है और शरीर ठीक हो सकता है। प्रकृति, प्रकाश, और ध्वनि के तत्वों को शामिल करके, हम ऐसे स्थान बनाते हैं जो आत्मा को पोषित करते हैं और उपचार प्रक्रिया को सुगम बनाते हैं।

9

सहानुभूति पूर्ण नेतृत्व: स्वास्थ्य संगठनों में करुणा को प्रेरित करना

स्वास्थ्य सेवा के जटिल ताने-बाने में नेतृत्व संगठन की संस्कृति, मूल्यों और अंततः प्रदान की जाने वाली देखभाल की गुणवत्ता को आकार देने में एक महत्वपूर्ण भूमिका निभाता है। पारंपरिक नेतृत्व मॉडल, जो अक्सर दक्षता, उत्पादकता और पदानुक्रमित संरचनाओं पर केंद्रित होते हैं, करुणा, सहानुभूति और मरीज-केंद्रितता के माहौल को बढ़ावा देने में विफल हो सकते हैं। इसके विपरीत, सहानुभूति पूर्ण नेतृत्व एक परिवर्तनकारी शक्ति के रूप में उभरता है, व्यक्तियों और टीमों को करुणा को एक मुख्य मूल्य के रूप में अपनाने के लिए प्रेरित करता है, जिससे पूरे संगठन में इसका व्यापक प्रभाव होता है।

सहानुभूति पूर्ण नेतृत्व केवल एक चर्चा का विषय या एक अस्थायी प्रवृत्ति नहीं है; यह एक गहन दर्शन है जो सभी प्राणियों की अंतर्निहित परस्परता और चिकित्सा और परिवर्तन के लिए सहानुभूति की शक्ति को मान्यता देता है। यह एक नेतृत्व शैली है जो मरीजों और स्वास्थ्य सेवा प्रदाताओं दोनों की भलाई को प्राथमिकता देती है, यह मानते हुए कि करुणामय देखभाल न केवल एक नैतिक अनिवार्यता है बल्कि संगठनात्मक सफलता का एक प्रमुख चालक भी है।

अपने मूल में, सहानुभूति पूर्ण नेतृत्व सहानुभूति में निहित है, जो दूसरों की

भावनाओं को समझने और साझा करने की क्षमता है। सहानुभूति पूर्ण नेता मानव स्थिति की गहरी समझ रखते हैं, यह मानते हुए कि मरीज और स्वास्थ्य सेवा प्रदाता दोनों ही पीड़ा, तनाव और थकावट के प्रति संवेदनशील हैं। वे एक सहायक और पोषणकारी वातावरण बनाने का प्रयास करते हैं जहां व्यक्तियों को मूल्यवान, सुना और सशक्त महसूस होता है।

सहानुभूति पूर्ण नेतृत्व की विशिष्ट विशेषताओं में से एक विश्वास और मनोवैज्ञानिक सुरक्षा की संस्कृति को बढ़ावा देने की क्षमता है। इसमें ऐसा स्थान बनाना शामिल है जहां व्यक्तियों को अपनी कमजोरियों को व्यक्त करने, अपनी चिंताओं को साझा करने और मदद मांगने में सुरक्षित महसूस हो, बिना निर्णय या प्रतिशोध के डर के। जब विश्वास मौजूद होता है, तो व्यक्ति प्रभावी ढंग से सहयोग करने, जोखिम लेने और नवाचार करने की अधिक संभावना रखते हैं, जो उच्च गुणवत्ता वाली देखभाल प्रदान करने के लिए आवश्यक है।

सहानुभूति पूर्ण नेता खुला और पारदर्शी संचार को भी प्राथमिकता देते हैं। वे संवाद को प्रोत्साहित करते हैं, विविध दृष्टिकोणों को सक्रिय रूप से सुनते हैं, और संगठन के सभी स्तरों से फीडबैक को महत्व देते हैं। वे मानते हैं कि संचार केवल जानकारी प्रसारित करने के बारे में नहीं है बल्कि संबंध बनाने, समझ को बढ़ावा देने और उद्देश्य की साझा भावना बनाने के बारे में है।

सहानुभूति पूर्ण नेतृत्व की एक और महत्वपूर्ण विशेषता दूसरों को प्रेरित करने और प्रोत्साहित करने की क्षमता है। सहानुभूति पूर्ण नेता उदाहरण के द्वारा नेतृत्व करते हैं, दूसरों के साथ अपनी बातचीत में सहानुभूति, दयालुता और सम्मान का प्रदर्शन करते हैं। वे संगठन के लिए एक साझा दृष्टि बनाते हैं, जो करुणा में निहित है और मरीजों और उनके परिवारों के जीवन को बेहतर बनाने पर केंद्रित है। वे अपनी टीमों को पहल करने, नवाचार करने और दूसरों के जीवन में सार्थक बदलाव लाने के लिए सशक्त बनाते हैं।

सहानुभूति पूर्ण नेतृत्व केवल व्यक्तिगत कार्यों के बारे में नहीं है; यह करुणामय देखभाल का समर्थन करने वाली प्रणालियों और संरचनाओं को बनाने के बारे में भी है। इसमें स्वास्थ्य सेवा प्रदाताओं के लिए पर्याप्त संसाधन, प्रशिक्षण और समर्थन प्रदान करना शामिल है, यह सुनिश्चित करना कि उनके पास उच्च गुणवत्ता वाली

देखभाल प्रदान करने के लिए आवश्यक उपकरण और ज्ञान हो। इसमें मरीज-केंद्रितता, सांस्कृतिक विनम्रता, और नैतिक निर्णय लेने को प्राथमिकता देने वाली नीतियों और प्रक्रियाओं को बनाना भी शामिल है।

स्वास्थ्य सेवा में सहानुभूति पूर्ण नेतृत्व के लाभ कई और दूरगामी हैं। मरीजों के लिए, यह बेहतर स्वास्थ्य परिणाम, देखभाल से अधिक संतुष्टि, और अधिक सकारात्मक स्वास्थ्य सेवा अनुभव की ओर ले जा सकता है। स्वास्थ्य सेवा प्रदाताओं के लिए, यह थकावट को कम कर सकता है, नौकरी से संतुष्टि बढ़ा सकता है, और उनके काम में अर्थ और उद्देश्य की अधिक भावना पैदा कर सकता है। संगठनों के लिए, यह स्टाफ के मनोबल में सुधार कर सकता है, उत्पादकता बढ़ा सकता है, और समुदाय में एक मजबूत प्रतिष्ठा बना सकता है।

सहानुभूति पूर्ण नेतृत्व स्वास्थ्य सेवा के सामने आने वाली सभी चुनौतियों का समाधान नहीं है, लेकिन यह एक शक्तिशाली शक्ति है जो देखभाल प्रदान करने के तरीके को बदल सकती है। करुणा को एक मुख्य मूल्य के रूप में अपनाकर, स्वास्थ्य सेवा संगठन उपचार, कनेक्शन और भलाई की संस्कृति बना सकते हैं, जो न केवल मरीजों और प्रदाताओं बल्कि व्यापक समुदाय के लिए भी फायदेमंद है।

सहानुभूति पूर्ण नेतृत्व आशा की एक किरण है, जो अधिक मानवीय और मरीज-केंद्रित स्वास्थ्य सेवा प्रणाली की ओर मार्ग प्रशस्त करती है। सहानुभूति, सत्यनिष्ठा और सेवा के प्रति प्रतिबद्धता के साथ नेतृत्व करके, हम दूसरों को करुणा को एक मुख्य मूल्य के रूप में अपनाने के लिए प्रेरित करते हैं।

10

सांस्कृतिक विनम्रता: विविध मरीज दृष्टिकोणों को समझना और सम्मान देना

हमारी वैश्वीकरण की दुनिया के निरंतर विकसित होते ताने-बाने में, स्वास्थ्य सेवा का परिदृश्य तेजी से विविध होता जा रहा है। मरीज अनेक सांस्कृतिक पृष्ठभूमियों से आते हैं, जिनमें प्रत्येक की अपनी अनूठी मान्यताएँ, मूल्य, और प्रथाएँ होती हैं, जो उनके स्वास्थ्य, बीमारी, और उपचार की समझ को आकार देती हैं। इस संदर्भ में, सांस्कृतिक विनम्रता एक महत्वपूर्ण ढाँचे के रूप में उभरती है, जो स्वास्थ्य सेवा प्रदाताओं को अंतर-सांस्कृतिक संपर्कों की जटिलताओं को नेविगेट करने और अपने मरीजों की विविध जरूरतों का सम्मानजनक, न्यायसंगत और संवेदनशील ढंग से ध्यान रखने में मदद करती है।

सांस्कृतिक विनम्रता केवल सांस्कृतिक भिन्नताओं के प्रति जागरूक होने की बात नहीं है; यह आत्म-चिंतन और आत्मालोचना की आजीवन प्रक्रिया है, आजीवन सीखने की प्रतिबद्धता है, और स्वास्थ्य सेवा प्रणाली में निहित शक्ति असंतुलन को पहचानने की क्षमता है। इसमें अपनी पूर्वधारणाओं और धारणाओं को चुनौती देने की तत्परता, प्रत्येक मरीज के प्रति खुलेपन और जिज्ञासा के साथ दृष्टिकोण करने की क्षमता, और उस संवाद में शामिल होने की इच्छा शामिल है जो मरीज के

अनूठे दृष्टिकोण का सम्मान करता है।

सांस्कृतिक विनम्रता के मूल में यह स्वीकार करना है कि हम किसी अन्य व्यक्ति की संस्कृति या अनुभवों को पूरी तरह से नहीं समझ सकते। यह यह मानने के बारे में है कि हमारा अपना सांस्कृतिक दृष्टिकोण हमारी धारणाओं और व्याख्याओं को आकार देता है, और यह समझना कि विभिन्न सांस्कृतिक पृष्ठभूमियों वाले व्यक्तियों के साथ बातचीत करते समय गलतफहमी और संचार में बाधा उत्पन्न हो सकती है।

सांस्कृतिक विनम्रता का एक प्रमुख घटक आत्म-जागरूकता है। स्वास्थ्य सेवा प्रदाताओं को अपनी सांस्कृतिक पूर्वाग्रहों और धारणाओं की जाँच करने के लिए तैयार रहना चाहिए, यह पहचानते हुए कि ये अनजाने में मरीजों के साथ उनके संपर्कों को प्रभावित कर सकते हैं। इसमें अपनी परवरिश, मूल्यों, और विश्वासों के साथ-साथ स्वास्थ्य और बीमारी की हमारी समझ को आकार देने वाले व्यापक सामाजिक और ऐतिहासिक संदर्भ पर चिंतन करना शामिल है।

सांस्कृतिक विनम्रता का एक और महत्वपूर्ण पहलू सांस्कृतिक ज्ञान है। जबकि हर संस्कृति का विशेषज्ञ बनना असंभव है, स्वास्थ्य सेवा प्रदाता अपने मरीजों की सांस्कृतिक पृष्ठभूमियों के बारे में जानने का प्रयास कर सकते हैं, जिसमें उनके स्वास्थ्य, बीमारी, और उपचार के बारे में विश्वास, साथ ही उनके संचार शैली और प्राथमिकताएँ शामिल हैं। यह ज्ञान संवाद बढ़ाने, विश्वास बनाने, और गलतफहमियों से बचने में मदद कर सकता है।

सांस्कृतिक विनम्रता में मरीजों के साथ सम्मानजनक संवाद में शामिल होने की इच्छा भी शामिल है। इसका अर्थ है खुले-प्रश्न पूछना, मरीज के दृष्टिकोण को सक्रिय रूप से सुनना, और धारणाएँ या सामान्यीकरण करने से बचना। इसका यह भी अर्थ है प्रतिक्रिया के प्रति खुले रहना और मरीज की जरूरतों और प्राथमिकताओं के आधार पर अपने दृष्टिकोण को अनुकूलित करने की तत्परता।

इन पारस्परिक कौशलों के अलावा, सांस्कृतिक विनम्रता में स्वास्थ्य असमानताओं में योगदान देने वाले प्रणालीगत कारकों की व्यापक समझ भी शामिल है। इसमें यह पहचानना शामिल है कि नस्लवाद, भेदभाव, और अन्य

सामाजिक अन्याय के रूप स्वास्थ्य और भलाई पर क्या प्रभाव डालते हैं। इसमें स्वास्थ्य न्याय और सांस्कृतिक समावेशन को बढ़ावा देने वाली नीतियों और प्रथाओं की वकालत करना भी शामिल है।

स्वास्थ्य सेवा में सांस्कृतिक विनम्रता के लाभ व्यापक और गहरे हैं। मरीजों के लिए, यह विश्वास, संवाद, और देखभाल से संतोष में सुधार कर सकता है। यह मरीजों को उनकी देखभाल में अधिक सक्रिय रूप से भाग लेने के लिए सशक्त भी कर सकता है, जिससे बेहतर स्वास्थ्य परिणाम प्राप्त हो सकते हैं। स्वास्थ्य सेवा प्रदाताओं के लिए, सांस्कृतिक विनम्रता नौकरी संतोष, थकावट में कमी, और सांस्कृतिक क्षमता में सुधार कर सकती है। यह स्वास्थ्य असमानताओं को कम करने और स्वास्थ्य न्याय को बढ़ावा देने में भी मदद कर सकती है।

सांस्कृतिक विनम्रता एक स्थिर अवधारणा नहीं है; यह एक सतत प्रक्रिया है, जिसमें निरंतर सीखने, आत्म-चिंतन, और विविध समुदायों के साथ जुड़ाव की आवश्यकता होती है। यह सांस्कृतिक दक्षता प्राप्त करने के बारे में नहीं है, क्योंकि यह सुझाव देता है कि कोई किसी अन्य संस्कृति में निपुण हो सकता है, बल्कि यह विभिन्न मरीज दृष्टिकोणों को समझने और सम्मान देने की आजीवन प्रतिबद्धता विकसित करने के बारे में है।

एक तेजी से विविध और आपस में जुड़े हुए विश्व में, सांस्कृतिक विनम्रता उच्च गुणवत्ता वाली, मरीज-केंद्रित देखभाल प्रदान करने के लिए आवश्यक है। सांस्कृतिक विनम्रता को अपनाकर, स्वास्थ्य सेवा प्रदाता एक अधिक समावेशी और न्यायसंगत स्वास्थ्य सेवा प्रणाली बना सकते हैं, जो सभी मरीजों की अनूठी जरूरतों और दृष्टिकोणों का सम्मान करती है।

सांस्कृतिक विनम्रता समझ के द्वार खोलने की कुंजी है, एक ऐसा पुल जो हमें हमारे मरीजों के विविध दृष्टिकोणों और अनुभवों से जोड़ता है। अपनी सीमाओं को स्वीकार करके और प्रत्येक संपर्क को खुलेपन और जिज्ञासा के साथ अपनाकर, हम सार्थक संवाद और सांस्कृतिक रूप से उत्तरदायी देखभाल के लिए स्थान बनाते हैं।

৬৩

11

माफी की कला: गलतियों को स्वीकार करना और क्षमा माँगना

मानवीय संबंधों के जटिल ताने-बाने में, गलतियाँ अपरिहार्य हैं। आखिरकार, हम त्रुटिपूर्ण प्राणी हैं, जो निर्णय में चूक, संचार में रुकावट, और कभी-कभी गलत कदम उठाने के लिए प्रवृत्त होते हैं। स्वास्थ्य सेवा के क्षेत्र में, जहाँ दाँव अक्सर ऊँचे होते हैं और भावनाएँ गहराई से जुड़ी होती हैं, गलतियों का प्रभाव विशेष रूप से गहरा हो सकता है। इन गलतियों को पहचानना और स्वीकार करना कमजोरी का नहीं, बल्कि ताकत, विनम्रता, और देखभाल के उच्चतम मानकों को बनाए रखने की प्रतिबद्धता का प्रदर्शन है। माफी की कला, जिसे अक्सर कम आँका और गलत समझा जाता है, इस प्रक्रिया में एक महत्वपूर्ण भूमिका निभाती है, जो उपचार, मेल-मिलाप, और नवीकृत विश्वास की ओर एक मार्ग प्रदान करती है।

माफी केवल खेद व्यक्त करने की औपचारिकता नहीं है; यह गलत कार्य को स्वीकार करने, अपने कार्यों की जिम्मेदारी लेने, और हुए नुकसान के लिए पछतावा व्यक्त करने का एक कार्य है। यह इस बात को पहचानना है कि हमारी गलतियों का दूसरों पर क्या प्रभाव पड़ता है और इस नुकसान की भरपाई करने की तत्परता है। जब इसे ईमानदारी और सहानुभूति के साथ किया जाता है, तो माफी टूटी हुई संबंधों को सुधार सकती है, विश्वास बहाल कर सकती है, और उपचार और क्षमा के लिए मार्ग प्रशस्त कर सकती है।

स्वास्थ्य सेवा के संदर्भ में, माफी माँगना विशेष रूप से चुनौतीपूर्ण हो सकता है। स्वास्थ्य सेवा प्रदाताओं को अक्सर पूर्णता के उच्च मानकों पर आंका जाता है, और मुकदमेबाजी या व्यावसायिक दुष्परिणामों के डर से गलतियों को स्वीकार करना कठिन हो सकता है। हालाँकि, त्रुटियों के लिए जिम्मेदारी से बचना या इनकार करना विश्वास को कमजोर कर सकता है, संबंधों को नुकसान पहुँचा सकता है, और उपचार प्रक्रिया में बाधा डाल सकता है। जब स्वास्थ्य सेवा प्रदाता अपनी गलतियों को स्वीकार करने और ईमानदारी से माफी माँगने के लिए तैयार होते हैं, तो वे विनम्रता, अखंडता, और मरीज-केंद्रित देखभाल के प्रति प्रतिबद्धता का प्रदर्शन करते हैं।

एक ईमानदार माफी में कई महत्वपूर्ण घटक शामिल होते हैं। सबसे पहले और सबसे महत्वपूर्ण, यह समय पर होनी चाहिए। जितनी जल्दी माफी माँगी जाती है, उसके सच्चे और दिल से होने की संभावना उतनी ही अधिक होती है। माफी में देरी घायल पक्ष द्वारा महसूस किए गए दर्द और नाराजगी को बढ़ा सकती है, जिससे मेल-मिलाप अधिक कठिन हो जाता है।

दूसरा, माफी स्पष्ट होनी चाहिए। इसे स्पष्ट रूप से उस गलती की पहचान करनी चाहिए जो की गई थी और हुए नुकसान को स्वीकार करना चाहिए। अस्पष्ट या सामान्यीकृत माफियाँ, जैसे "अगर मैंने आपको ठेस पहुँचाई हो, तो मुझे खेद है," निरर्थक और बेईमान लग सकती हैं। इसके बजाय, एक ईमानदार माफी को उन विशिष्ट कार्यों या शब्दों को स्पष्ट करना चाहिए जिन्होंने नुकसान पहुँचाया और उनके प्रभाव के लिए पछतावा व्यक्त करना चाहिए।

तीसरा, माफी रक्षात्मक नहीं होनी चाहिए। यह बहाने बनाने या अपने कार्यों को सही ठहराने से बचने के लिए महत्वपूर्ण है। इसके बजाय, एक ईमानदार माफी को गलती की पूरी जिम्मेदारी लेनी चाहिए और घायल पक्ष की भावनाओं की वैधता को स्वीकार करना चाहिए। इसके लिए उनके दृष्टिकोण को सुनने, उनकी भावनाओं को मान्यता देने, और उनकी जीवन पर गलती के प्रभाव को स्वीकार करने की तत्परता की आवश्यकता होती है।

चौथा, माफी में स्पष्टीकरण शामिल हो सकता है, लेकिन इसे बहाना नहीं बनाना

चाहिए। जबकि उस गलती की परिस्थितियों को समझाना सहायक हो सकता है, दोष स्थानांतरित करने या त्रुटि के प्रभाव को कम करने से बचना महत्वपूर्ण है। फोकस हुए नुकसान को स्वीकार करने और उत्पन्न दर्द के लिए पछतावा व्यक्त करने पर होना चाहिए।

अंत में, एक ईमानदार माफी में सुधार की प्रतिबद्धता होनी चाहिए। इसका मतलब केवल अतीत के लिए पछतावा व्यक्त करना नहीं है, बल्कि यह भी बताना है कि भविष्य में ऐसी ही गलतियों को होने से रोकने के लिए कौन से विशेष कदम उठाए जाएँगे। यह अनुभव से सीखने और संशोधन करने की इच्छा को प्रदर्शित करता है, जो विश्वास को पुनर्निर्माण की दिशा में एक शक्तिशाली कदम हो सकता है।

स्वास्थ्य सेवा सेटिंग्स में, माफियाँ कई रूप ले सकती हैं। वे मौखिक, लिखित, या यहाँ तक कि गैर-मौखिक हो सकती हैं, जैसे पछतावे का इशारा या व्यवहार में बदलाव। सबसे प्रभावी माफियाँ विशिष्ट स्थिति के अनुरूप होती हैं और घायल पक्ष की विशिष्ट आवश्यकताओं और प्राथमिकताओं को ध्यान में रखती हैं। उदाहरण के लिए, एक मरीज जिसने चिकित्सा त्रुटि का अनुभव किया है, उसे अधिक व्यापक माफी की आवश्यकता हो सकती है, जबकि एक सहयोगी जो एक अनसोची टिप्पणी से आहत हुआ है, उसे केवल एक सशक्त मौखिक माफी की आवश्यकता हो सकती है।

स्वास्थ्य सेवा में माफी के लाभ अनेक हैं। मरीजों के लिए, माफियाँ उनके अनुभवों को मान्य कर सकती हैं, गुस्से और नाराजगी को कम कर सकती हैं, और उपचार को सुगम बना सकती हैं। वे स्वास्थ्य सेवा प्रणाली में विश्वास को बहाल करने और मरीजों और प्रदाताओं के बीच संवाद में सुधार करने में भी मदद कर सकती हैं। स्वास्थ्य सेवा प्रदाताओं के लिए, माफियाँ विनम्रता और अखंडता को प्रदर्शित कर सकती हैं, मरीजों के साथ संबंधों में सुधार कर सकती हैं, और मुकदमेबाजी के जोखिम को कम कर सकती हैं।

जबकि माफी की कला हमेशा आसान नहीं होती है, यह एक ऐसा कौशल है जिसे सीखा और अभ्यास किया जा सकता है। माफी को उपचार और विकास के उपकरण के रूप में अपनाकर, स्वास्थ्य सेवा प्रदाता एक अधिक करुणामय और

मरीज-केंद्रित वातावरण बना सकते हैं, जहाँ गलतियों को स्वीकार किया जाता है, विश्वास बहाल किया जाता है, और संबंधों को मजबूत किया जाता है।

माफी की कला एक उपहार है, हमारी त्रुटिपूर्णता की विनम्र स्वीकृति और संशोधन करने की एक ईमानदार प्रतिबद्धता। अपनी गलतियों की जिम्मेदारी लेकर, हम विश्वास को पुनः स्थापित करते हैं, घावों को ठीक करते हैं, और मानवीय संबंधों के बंधनों को मजबूत करते हैं।

12

बुरी खबर देना: करुणा के साथ कठिन जानकारी साझा करना

स्वास्थ्य सेवा के जटिल परिदृश्य में, जहाँ आशा और निराशा अक्सर साथ-साथ चलती हैं, बुरी खबर देने का कार्य स्वास्थ्य सेवा पेशेवरों की सबसे चुनौतीपूर्ण लेकिन महत्वपूर्ण जिम्मेदारियों में से एक बनकर उभरता है। किसी जीवन-परिवर्तनकारी निदान या खराब रोग-निदान जैसी कठिन जानकारी देना केवल चिकित्सा विशेषज्ञता की मांग नहीं करता, बल्कि इसमें गहरी करुणा, सहानुभूति, और संवेदनशीलता की आवश्यकता होती है। यह एक नाजुक संतुलन का कार्य है, जहाँ कठोर सत्य को इस तरह से व्यक्त करना होता है कि मरीज की गरिमा, आशा, और भावनात्मक भलाई बनी रहे।

बुरी खबर देना केवल जानकारी प्रदान करना नहीं है; यह ऐसा सुरक्षित और सहायक स्थान बनाने के बारे में है जहाँ मरीज और उनके परिवार इस खबर को समझ सकें, अपनी भावनाओं को व्यक्त कर सकें, और आने वाली चुनौतियों से निपटने की प्रक्रिया शुरू कर सकें। यह एक गहरी संवेदनशीलता का क्षण है, जहाँ स्वास्थ्य सेवा प्रदाता के शब्द और कार्य मरीज की भावनात्मक और मानसिक स्थिति पर स्थायी प्रभाव डाल सकते हैं।

बुरी खबर देने का पहला कदम अनुकूल वातावरण बनाना है। इसमें एक निजी और

शांत स्थान चुनना, यह सुनिश्चित करना कि मरीज आरामदायक हैं, और ध्यान भंग को न्यूनतम करना शामिल है। यह मरीज की इच्छा के अनुसार परिवार के सदस्य या मित्र को उपस्थित होने का निमंत्रण देना भी शामिल हो सकता है। लक्ष्य एक ऐसा स्थान बनाना है जहाँ मरीज सुरक्षित, समर्थित, और सम्मानित महसूस करें।

एक बार जब स्थान सुनिश्चित हो जाता है, अगला कदम मरीज की समझ और खबर प्राप्त करने की तैयारी का आकलन करना है। यह खुले-प्रश्न पूछकर किया जा सकता है, जैसे "अब तक आपकी स्थिति के बारे में आपको क्या बताया गया है?" या "आप इस नियुक्ति से क्या उम्मीद कर रहे हैं?" यह स्वास्थ्य सेवा प्रदाता को मरीज के ज्ञान के स्तर को समझने, किसी गलतफहमी को दूर करने, और खबर को उनकी व्यक्तिगत जरूरतों के अनुसार प्रस्तुत करने की अनुमति देता है।

खबर देते समय, स्पष्ट और सरल भाषा का उपयोग करना महत्वपूर्ण है, चिकित्सा शब्दजाल और सांकेतिक भाषा से बचते हुए। संदेश सीधा और स्पष्ट होना चाहिए, लेकिन सहानुभूति और करुणा के साथ व्यक्त किया जाना चाहिए। मरीज को तैयार करने के लिए एक "चेतावनी संकेत" के साथ शुरू करना सहायक हो सकता है, जैसे "मुझे डर है कि मेरे पास आपके लिए कुछ कठिन खबर है।"

खबर देने के बाद, मरीज की प्रतिक्रिया का अवलोकन करना और चुप्पी की अनुमति देना महत्वपूर्ण है। यह मरीज को जानकारी को संसाधित करने और अपनी भावनाओं को व्यक्त करने का समय देता है। स्वास्थ्य सेवा प्रदाताओं को विभिन्न प्रतिक्रियाओं के लिए तैयार रहना चाहिए, जैसे सदमा, अविश्वास, गुस्सा, उदासी, और भय। मरीज की भावनाओं को मान्यता देना और उन्हें समर्थन प्रदान करना, बिना उनकी भावनाओं को कम करने या नकारने की कोशिश करना, आवश्यक है।

प्रारंभिक सदमे के बाद, स्वास्थ्य सेवा प्रदाता को अतिरिक्त जानकारी प्रदान करनी चाहिए और मरीज के किसी भी प्रश्न का उत्तर देना चाहिए। यह अनिश्चितताओं को स्पष्ट करने, उपचार विकल्पों पर चर्चा करने, और आगे के समर्थन के लिए संसाधन प्रदान करने का समय है। ईमानदार और यथार्थवादी होना महत्वपूर्ण है, लेकिन साथ ही आशा और प्रोत्साहन भी प्रदान करना चाहिए।

पूरी बातचीत के दौरान, स्वास्थ्य सेवा प्रदाता को सहानुभूतिपूर्ण और संवेदनशील व्यवहार बनाए रखना चाहिए। इसमें आँखों का संपर्क, स्वर, और स्पर्श जैसे गैर-मौखिक संकेतों का उपयोग करना शामिल है, जो गर्मजोशी, समझ, और समर्थन व्यक्त करते हैं। इसमें मरीज की चिंताओं को सक्रिय रूप से सुनना, उनकी भावनाओं को मान्यता देना, और आश्वासन देना भी शामिल है।

बुरी खबर देना एक बार का कार्य नहीं है; यह एक सतत प्रक्रिया है जिसमें निरंतर संवाद और समर्थन की आवश्यकता होती है। स्वास्थ्य सेवा प्रदाताओं को फॉलो-अप नियुक्तियाँ निर्धारित करनी चाहिए, लिखित जानकारी प्रदान करनी चाहिए, और मरीजों को समर्थन समूहों या अन्य संसाधनों से जोड़ना चाहिए। यह भी महत्वपूर्ण है कि मरीज और उनके परिवार की आगे की चुनौतियों को नेविगेट करने में सहायता करने के लिए उपलब्ध रहें।

बुरी खबर देने का प्रभाव गहरा हो सकता है। मरीजों के लिए, यह एक जीवन-परिवर्तनकारी अनुभव हो सकता है, जो सदमे, दुःख, और अनिश्चितता से भरा हो। हालाँकि, जब करुणा और सहानुभूति के साथ दिया जाता है, तो यह एक ऐसा क्षण भी हो सकता है जो जुड़ाव, समझ, और आशा से भरा हो। स्वास्थ्य सेवा प्रदाताओं के लिए, बुरी खबर देना भावनात्मक रूप से थका देने वाला हो सकता है, लेकिन यह एक अत्यंत संतोषजनक अनुभव भी हो सकता है, क्योंकि वे मानवीय आत्मा की दृढ़ता और उपचार में करुणा की शक्ति को देख पाते हैं।

बुरी खबर देना एक पवित्र कार्य है, सत्य और आशा के बीच एक नाजुक संतुलन। करुणा और सहानुभूति के साथ कठिन जानकारी प्रदान करके, हम मरीज की गरिमा का सम्मान करते हैं और अंधकारमय समय में आशा की एक किरण प्रदान करते हैं।

13

अंतिम जीवन देखभाल: जीवन के अंतिम चरणों में आराम और समर्थन प्रदान करना

जीवन के ताने-बाने में, अंतिम अध्याय अक्सर सबसे नाजुक और गहन होता है। अंतिम जीवन देखभाल, व्यक्तियों को उनके जीवन के अंतिम चरणों में समर्थन देने के लिए एक बहुआयामी दृष्टिकोण है, जो शारीरिक, भावनात्मक, आध्यात्मिक और सामाजिक भलाई को समेटे हुए है। यह वह समय है जब करुणा, सहानुभूति, और सम्मान अत्यधिक महत्वपूर्ण हो जाते हैं, क्योंकि स्वास्थ्य सेवा प्रदाता और प्रियजन बीमारी, हानि, और दुःख के जटिल क्षेत्र को नेविगेट करते हैं।

अंतिम जीवन देखभाल केवल शारीरिक लक्षणों को प्रबंधित करने के बारे में नहीं है; यह मरने वाले व्यक्ति की गरिमा और स्वायत्तता का सम्मान करने, व्यक्ति और उनके प्रियजनों को आराम और समर्थन प्रदान करने, और अर्थपूर्ण समापन और विरासत के लिए एक स्थान बनाने के बारे में है। यह एक समग्र दृष्टिकोण है जो मन, शरीर, और आत्मा के आपसी संबंध को पहचानता है और उन व्यक्तियों की बहुआयामी जरूरतों को संबोधित करने का प्रयास करता है जो अपने जीवन के अंत का सामना कर रहे हैं।

अंतिम जीवन देखभाल के शारीरिक पहलू दर्द, असुविधा, और अन्य लक्षणों के प्रबंधन पर केंद्रित होते हैं, जो बीमारी या उम्र बढ़ने के परिणामस्वरूप उत्पन्न हो सकते हैं। इसमें दवाओं, भौतिक चिकित्सा, व्यावसायिक चिकित्सा, या जीवन की गुणवत्ता और आराम को अधिकतम करने के लिए अन्य हस्तक्षेप शामिल हो सकते हैं। यह याद रखना महत्वपूर्ण है कि दर्द और असुविधा शारीरिक और भावनात्मक दोनों हो सकते हैं, और दर्द प्रबंधन के लिए एक समग्र दृष्टिकोण में दवा-आधारित और गैर-दवा-आधारित उपाय शामिल हो सकते हैं।

भावनात्मक समर्थन अंतिम जीवन देखभाल में समान रूप से महत्वपूर्ण है। अपने जीवन के अंत का सामना करने वाले व्यक्ति भय, चिंता, उदासी, गुस्सा, और पछतावे जैसी भावनाओं की एक विस्तृत श्रृंखला का अनुभव कर सकते हैं। स्वास्थ्य सेवा प्रदाता और प्रियजन सक्रिय रूप से सुनकर, भावनाओं को मान्यता देकर, और आश्वासन प्रदान करके भावनात्मक समर्थन प्रदान कर सकते हैं। ऐसा सुरक्षित और सहायक स्थान बनाना महत्वपूर्ण है जहाँ व्यक्ति अपनी भावनाओं और डर को व्यक्त करने में सहज महसूस करें।

आध्यात्मिक देखभाल अंतिम जीवन देखभाल का एक और महत्वपूर्ण पहलू है। मृत्यु का सामना करने में आध्यात्मिकता अर्थ, आराम, और आशा प्रदान कर सकती है। स्वास्थ्य सेवा प्रदाता और आध्यात्मिक नेता व्यक्ति के विश्वासों, मूल्यों, और आध्यात्मिक प्रथाओं का पता लगाकर आध्यात्मिक समर्थन प्रदान कर सकते हैं। इसमें प्रार्थना, ध्यान, अनुष्ठान, या व्यक्ति की आध्यात्मिक चिंताओं को सुनना शामिल हो सकता है।

सामाजिक समर्थन भी अंतिम जीवन देखभाल में आवश्यक है। अपने जीवन के अंत का सामना करने वाले व्यक्ति अलग-थलग और अकेला महसूस कर सकते हैं। सामाजिक संबंध और रिश्ते बनाए रखना आराम, अर्थ, और एकता की भावना प्रदान कर सकता है। स्वास्थ्य सेवा प्रदाता और प्रियजन दोस्तों और परिवार से मिलने को प्रोत्साहित करके, सामाजिक गतिविधियों का आयोजन करके, या समर्थन समूहों से जोड़कर सामाजिक समर्थन की सुविधा प्रदान कर सकते हैं।

अंतिम जीवन देखभाल में व्यावहारिक विचार भी शामिल होते हैं, जैसे पूर्व देखभाल योजना। इसमें उस व्यक्ति की देखभाल के लिए उसकी इच्छाओं पर चर्चा

करना शामिल है, जब वह अपनी प्राथमिकताओं को संप्रेषित करने में असमर्थ हो। पूर्व देखभाल योजना यह सुनिश्चित करने में मदद कर सकती है कि व्यक्ति के मूल्य और प्राथमिकताओं का सम्मान किया जाए, और कठिन समय के दौरान प्रियजनों के लिए तनाव और संघर्ष को कम किया जाए।

अंतिम जीवन देखभाल में स्वास्थ्य सेवा प्रदाताओं की भूमिका बहुआयामी है। वे चिकित्सा देखभाल प्रदान करने, लक्षणों का प्रबंधन करने, और भावनात्मक और आध्यात्मिक समर्थन देने के लिए जिम्मेदार होते हैं। वे मरीजों और परिवारों को अंतिम जीवन विकल्पों के बारे में शिक्षित करने, संवाद को सुगम बनाने, और मरीज की इच्छाओं की वकालत करने के लिए भी जिम्मेदार होते हैं।

अंतिम जीवन देखभाल में प्रियजनों की भूमिका समान रूप से महत्वपूर्ण है। वे भावनात्मक समर्थन, साथी, और व्यावहारिक सहायता प्रदान कर सकते हैं। वे व्यक्ति की इच्छाओं की वकालत कर सकते हैं और यह सुनिश्चित कर सकते हैं कि उनके मूल्य और प्राथमिकताओं का सम्मान किया जाए। प्रियजनों की भागीदारी मरने वाले व्यक्ति के लिए आराम और शक्ति का स्रोत हो सकती है और शांति और समापन की भावना बनाने में मदद कर सकती है।

अंतिम जीवन देखभाल एक जटिल और चुनौतीपूर्ण प्रक्रिया है, लेकिन यह गहरे विकास, जुड़ाव, और अर्थ का समय भी हो सकता है। एक समग्र दृष्टिकोण अपनाकर, जो जीवन के अंत का सामना करने वाले व्यक्तियों की शारीरिक, भावनात्मक, आध्यात्मिक, और सामाजिक जरूरतों को संबोधित करता है, हम यह सुनिश्चित कर सकते हैं कि उन्हें वह करुणामय और सहायक देखभाल मिले जिसके वे हकदार हैं।

अंतिम जीवन देखभाल एक पवित्र यात्रा है, प्यार, करुणा, और गरिमा से भरा हुआ एक अंतिम अध्याय। आराम, समर्थन, और सुनने का कान प्रदान करके, हम जीए गए जीवन का सम्मान करते हैं और अर्थपूर्ण समापन और विरासत के लिए एक स्थान बनाते हैं।

14

सहकर्मियों के प्रति करुणा: एक सहायक कार्य वातावरण का निर्माण करना

स्वास्थ्य सेवा के अत्यधिक मांग वाले और अक्सर भावनात्मक रूप से थका देने वाले क्षेत्र में, जहाँ मानवीय पीड़ा का भार निरंतर साथी होता है, स्वास्थ्य सेवा प्रदाताओं की भलाई अक्सर उनके मरीजों की तत्काल जरूरतों के सामने छिप जाती है। फिर भी, करुणा, जो उपचार का आधार है, मरीज-प्रदाता संबंध से परे बढ़नी चाहिए और पूरे स्वास्थ्य सेवा दल को समेटना चाहिए। सहकर्मियों के प्रति करुणा, सहकर्मी स्वास्थ्य सेवा पेशेवरों की भावनात्मक और मनोवैज्ञानिक जरूरतों को पहचानने और उसका उत्तर देने का कार्य है, जो एक सहायक कार्य वातावरण को बढ़ावा देने के लिए आवश्यक है। यह वातावरण लचीलापन, भलाई, और अंततः बेहतर मरीज देखभाल को बढ़ावा देता है।

स्वास्थ्य सेवा का पेशा स्वाभाविक रूप से तनावपूर्ण है। लंबे समय तक काम करना, अत्यधिक कार्यभार, आघात और पीड़ा के संपर्क में रहना, और जीवन-मृत्यु के फैसले लेने का निरंतर दबाव स्वास्थ्य सेवा प्रदाताओं पर भारी पड़ सकता है। बर्नआउट, करुणा थकान, और अन्य तनाव-संबंधी समस्याएँ स्वास्थ्य सेवा उद्योग में बहुत आम हैं, जिससे नौकरी में असंतोष, अधिक कर्मचारियों के

पलायन, और संभावित रूप से मरीज देखभाल में समझौता होता है।

सहकर्मियों के प्रति करुणा इन चुनौतियों का एक शक्तिशाली समाधान प्रदान करती है। यह पहचानने में शामिल है कि स्वास्थ्य सेवा प्रदाता पीड़ा से प्रतिरक्षित नहीं हैं; वे भी तनाव, चिंता, और भावनात्मक थकावट का अनुभव करते हैं। इसका मतलब है कि ऐसा कार्यस्थल संस्कृति बनाना जहाँ लोग अपनी कमजोरियों को व्यक्त करने, समर्थन माँगने, और अपने सहकर्मियों से सहानुभूति और समझ प्राप्त करने में सुरक्षित महसूस करें।

सहकर्मियों के प्रति करुणा का मूल मजबूत और सहायक संबंध बनाना है। इसमें एक-दूसरे की चिंताओं को सक्रिय रूप से सुनना, प्रोत्साहन के शब्द पेश करना, और आवश्यकता पड़ने पर व्यावहारिक सहायता प्रदान करना शामिल है। इसका अर्थ है सफलताओं को एक साथ मनाना और कठिन समय में सहारा देना। जब स्वास्थ्य सेवा प्रदाता अपने सहकर्मियों द्वारा समर्थित और मूल्यवान महसूस करते हैं, तो वे अपनी भूमिकाओं में अधिक सफल होते हैं और अपने मरीजों को करुणामय देखभाल प्रदान करने में सक्षम होते हैं।

सहकर्मियों के प्रति करुणा का एक प्रमुख घटक मनोवैज्ञानिक सुरक्षा का वातावरण बनाना है। इसमें ऐसा माहौल बनाना शामिल है जहाँ लोग बोलने, अपने विचार साझा करने, और बिना निर्णय या प्रतिशोध के डर के अपनी गलतियों को स्वीकार करने में सहज महसूस करें। जब मनोवैज्ञानिक सुरक्षा मौजूद होती है, तो लोग जोखिम लेने, नवाचार करने, और प्रभावी ढंग से सहयोग करने की अधिक संभावना रखते हैं, जो उच्च गुणवत्ता वाली देखभाल प्रदान करने के लिए आवश्यक है।

सहकर्मियों के प्रति करुणा का एक अन्य महत्वपूर्ण पहलू कार्य-जीवन संतुलन को बढ़ावा देना है। स्वास्थ्य सेवा की माँग अक्सर लंबे समय तक काम करने, अनियमित शेड्यूल, और पारिवारिक आयोजनों से चूकने का कारण बनती है। कार्य-जीवन संतुलन को प्रोत्साहित करके, स्वास्थ्य सेवा संगठन अपने कर्मचारियों को बर्नआउट से बचने, तनाव को कम करने, और उनकी समग्र भलाई बनाए रखने में मदद कर सकते हैं। इसमें लचीले कार्य व्यवस्थाएँ प्रदान करना, तनाव प्रबंधन के लिए संसाधन उपलब्ध कराना, और स्वस्थ जीवन शैली विकल्पों

को बढ़ावा देना शामिल हो सकता है।

सहकर्मियों के प्रति करुणा में स्वास्थ्य सेवा प्रदाताओं के विभिन्न समूहों द्वारा सामना की जाने वाली विशिष्ट चुनौतियों को पहचानना और उनका समाधान करना भी शामिल है। उदाहरण के लिए, नर्सें, जो अक्सर देखभाल की अग्रिम पंक्ति में होती हैं, बर्नआउट और करुणा थकान के प्रति विशेष रूप से संवेदनशील हो सकती हैं। दूसरी ओर, चिकित्सक, जो अजेयता का मुखौटा बनाए रखने के दबाव का सामना कर सकते हैं, उनके लिए संघर्ष के समय सहायता माँगना कठिन हो सकता है। इन विशिष्ट चुनौतियों को पहचानकर और उनका समाधान करके, स्वास्थ्य सेवा संगठन सभी के लिए एक अधिक समावेशी और सहायक कार्य वातावरण बना सकते हैं।

सहकर्मियों के प्रति करुणा के लाभ व्यापक और गहरे हैं। व्यक्तिगत स्वास्थ्य सेवा प्रदाताओं के लिए, यह बर्नआउट को कम कर सकता है, नौकरी में संतोष बढ़ा सकता है, और मानसिक और शारीरिक स्वास्थ्य में सुधार कर सकता है। यह जुड़ाव और संबंध की भावना को भी बढ़ावा दे सकता है, जो भलाई के लिए आवश्यक है। स्वास्थ्य सेवा टीमों के लिए, सहकर्मियों के प्रति करुणा संवाद, सहयोग, और टीम वर्क में सुधार कर सकती है, जिससे बेहतर मरीज परिणाम मिलते हैं। संगठनों के लिए, यह कर्मचारियों का मनोबल बढ़ा सकता है, कर्मचारियों के पलायन को कम कर सकता है, और समुदाय में मजबूत प्रतिष्ठा बना सकता है।

सहकर्मियों के प्रति करुणा को बढ़ावा देना केवल अच्छे इरादों की बात नहीं है; इसके लिए ठोस कार्यवाही और सहानुभूति, समर्थन, और भलाई को महत्व देने वाली कार्यस्थल संस्कृति बनाने की प्रतिबद्धता की आवश्यकता है। इसमें करुणा और संवाद कौशल पर प्रशिक्षण प्रदान करना, कार्य-जीवन संतुलन को बढ़ावा देने वाली नीतियाँ लागू करना, और सामाजिक जुड़ाव और समर्थन के लिए अवसर पैदा करना शामिल हो सकता है।

स्वास्थ्य सेवा की बढ़ती जटिलता और माँगों के युग में, सहकर्मियों के प्रति करुणा पहले से कहीं अधिक महत्वपूर्ण है। अपने कर्मचारियों की भलाई को प्राथमिकता देकर, स्वास्थ्य सेवा संगठन एक अधिक करुणामय और लचीला कार्यबल बना

सकते हैं, जो उच्च गुणवत्ता वाली, मरीज-केंद्रित देखभाल प्रदान करने के लिए बेहतर तरीके से तैयार है।

सहकर्मियों के प्रति करुणा हमें जोड़ने वाला गोंद है, स्वास्थ्य सेवा के तूफानी समुद्र में जीवन रेखा। अपने सहकर्मियों के संघर्षों को पहचानकर, समर्थन की पेशकश करके, और सहयोग की संस्कृति को बढ़ावा देकर, हम एक मजबूत और समृद्ध कार्यस्थल बनाते हैं।

15

स्वयं करुणा: देखभाल करने वालों की अपनी भलाई का पोषण

स्वास्थ्य सेवा के जटिल नृत्य में, जहां करुणा देखभाल करने वाले और मरीज के बीच प्रवाहित होती है, एक महत्वपूर्ण लेकिन अक्सर अनदेखा तत्व है स्वयं करुणा। स्वास्थ्य सेवा पेशेवर, जो दूसरों की पीड़ा को कम करने के लिए समर्पित होते हैं, अक्सर अपनी भलाई की उपेक्षा करते हैं। फिर भी, भीतर करुणा का विस्तार करने, अपनी भावनात्मक और मानसिक आवश्यकताओं को पोषित करने की क्षमता न केवल व्यक्तिगत सहनशक्ति के लिए महत्वपूर्ण है, बल्कि टिकाऊ और प्रभावी देखभाल प्रदान करने के लिए भी आवश्यक है।

स्वयं करुणा आत्म-सम्मोहन या आत्म-दया नहीं है; यह अपनी साझा मानवता की एक गहन पहचान है, अपनी अपूर्णताओं को गले लगाने की इच्छा और खुद के प्रति दया और समझ के साथ व्यवहार करने की प्रतिबद्धता है। यह स्वास्थ्य सेवा पेशेवरों को अक्सर परेशान करने वाली आत्म-आलोचनात्मक और मांगलिक आंतरिक आवाज से एक कट्टरपंथी प्रस्थान है, जो इसे एक पोषणकारी और सहायक आंतरिक संवाद से बदल देता है।

स्वास्थ्य सेवा की मांगें कभी-कभी क्रूर हो सकती हैं। लंबे घंटे, भावनात्मक रूप से चार्ज की गई मुठभेड़ें, और उच्च स्तर पर प्रदर्शन करने का लगातार दबाव सबसे

समर्पित देखभालकर्ता पर भी भारी पड़ सकता है। बर्नआउट, करुणा थकावट, और अन्य तनाव-संबंधी समस्याएं स्वास्थ्य सेवा पेशे में बहुत आम हैं, जिससे नौकरी की संतुष्टि में कमी, बढ़े हुए बदलाव और संभावित रूप से मरीज की देखभाल में समझौता होता है।

स्वयं करुणा इन चुनौतियों का एक शक्तिशाली समाधान प्रदान करती है। यह तनाव के खिलाफ एक बफर प्रदान करती है, सहनशक्ति को बढ़ाती है और भलाई की भावना को बढ़ावा देती है जो स्वास्थ्य सेवा प्रदाताओं को उनके काम के अनिवार्य उतार-चढ़ाव के माध्यम से बनाए रख सकती है। जब हम अपने प्रति करुणामय होते हैं, तो हम अपनी आवश्यकताओं को स्वीकार करने, स्वस्थ सीमाएं निर्धारित करने और आत्म-देखभाल को प्राथमिकता देने की अधिक संभावना रखते हैं।

स्वयं करुणा के प्रमुख घटकों में से एक है आत्म-दया। इसका अर्थ है खुद के प्रति वही गर्मजोशी और समझदारी दिखाना, जो हम एक करीबी मित्र को दिखाएंगे जो संघर्ष कर रहा हो। इसका अर्थ है अपनी पीड़ा और कष्ट को बिना निर्णय या आलोचना के स्वीकार करना। इसका अर्थ है खुद को आराम और प्रोत्साहन के शब्द देना, खुद को याद दिलाना कि हम अपनी चुनौतियों में अकेले नहीं हैं।

स्वयं करुणा का एक और महत्वपूर्ण पहलू है साझा मानवता की भावना। इसका अर्थ है यह पहचानना कि हम सभी अपूर्ण हैं, कि हम सभी गलतियाँ करते हैं, और कि हम सभी दर्द और पीड़ा का अनुभव करते हैं। इसका अर्थ है यह याद रखना कि हमारे संघर्ष व्यक्तिगत कमजोरी या विफलता का संकेत नहीं हैं, बल्कि मानव अनुभव का एक स्वाभाविक हिस्सा हैं। जब हम अपनी साझा मानवता को अपनाते हैं, तो हम कम अलग-थलग और अकेला महसूस करते हैं, और दूसरों से अधिक जुड़ा हुआ महसूस करते हैं।

स्वयं करुणा का तीसरा स्तंभ है माइंडफुलनेस। इसका मतलब है अपनी वर्तमान क्षण की अनुभूति पर जिज्ञासा और गैर-आलोचनात्मक तरीके से ध्यान देना। इसका अर्थ है अपने विचारों और भावनाओं पर ध्यान देना, लेकिन उनमें उलझना नहीं। इसका अर्थ है अपने आंतरिक आलोचक को जागरूकता के साथ देखना, उसकी आवाज को पहचानना, लेकिन इसे अपने कार्यों को निर्देशित करने की

अनुमति न देना। माइंडफुलनेस हमें अपने और अपने अनुभवों के बीच जगह बनाने की अनुमति देती है, जिससे हम अधिक स्पष्टता और करुणा के साथ प्रतिक्रिया कर सकें।

स्वयं करुणा को विकसित करना एक सतत अभ्यास है, जिसके लिए इरादे, धैर्य और कमजोर होने की इच्छा की आवश्यकता होती है। इसमें विचार और व्यवहार के नए आदतों को विकसित करना, आत्म-आलोचना के गहरे पैटर्न को चुनौती देना और अपनी भलाई को प्राथमिकता देना सीखना शामिल है।

स्वयं करुणा को विकसित करने के कई तरीके हैं। माइंडफुलनेस मेडिटेशन, लविंग-काइंडनेस मेडिटेशन और अन्य चिंतनशील प्रथाएं हमारे विचारों और भावनाओं की अधिक जागरूकता विकसित करने और एक अधिक करुणामय आंतरिक संवाद को बढ़ावा देने में मदद कर सकती हैं। जर्नलिंग, प्रकृति में समय बिताना, और आनंद और विश्राम लाने वाली गतिविधियों में शामिल होना भी सहायक हो सकता है।

स्वयं करुणा के लाभ अनेक और दूरगामी हैं। इसे तनाव, चिंता और अवसाद को कम करने, साथ ही खुशी, सहनशक्ति और आत्म-सम्मान को बढ़ाने से जोड़ा गया है। स्वयं करुणा ने रिश्तों में सुधार, रचनात्मकता बढ़ाने और स्वस्थ जीवन शैली विकल्पों को बढ़ावा देने में भी दिखाया है।

स्वास्थ्य सेवा के संदर्भ में, स्वयं करुणा बर्नआउट और करुणा थकावट को रोकने के लिए आवश्यक है। जब स्वास्थ्य सेवा प्रदाता अपने प्रति करुणामय होते हैं, तो वे अपने काम की भावनात्मक मांगों का सामना करने में बेहतर सक्षम होते हैं। वे अपने भूमिकाओं में आनंद और संतुष्टि का अनुभव करने की अधिक संभावना रखते हैं, जो बेहतर मरीज देखभाल में अनुवाद कर सकता है।

स्वयं करुणा एक विलासिता नहीं है; यह स्वास्थ्य सेवा प्रदाताओं के लिए एक आवश्यकता है। अपनी भलाई को पोषित करके, वे यह सुनिश्चित कर सकते हैं कि उनके पास अपने मरीजों को करुणामय और प्रभावी देखभाल प्रदान करने के लिए भावनात्मक संसाधन हैं। एक ऐसी दुनिया में जो उनसे इतना कुछ मांगती है, स्वयं करुणा एक उपहार है जो स्वास्थ्य सेवा प्रदाता खुद को, अपने सहयोगियों

और अपने मरीजों को दे सकते हैं।

स्वयं करुणा सहनशक्ति का स्रोत है, एक आंतरिक ताकत का स्रोत जो हमें स्वास्थ्य सेवा की चुनौतियों के माध्यम से बनाए रखता है। अपनी अपूर्णताओं को अपनाकर, आत्म-दया का अभ्यास करके और माइंडफुलनेस को विकसित करके, हम अपनी भलाई को पोषित करते हैं और दूसरों के प्रति करुणा की अपनी क्षमता को बढ़ाते हैं।

16

स्वयं के प्रति करुणा: देखभाल करने वाले की अपनी भलाई को पोषित करना

आधुनिक स्वास्थ्य सेवा की तेज़-तर्रार दुनिया में, जहाँ तकनीक, डेटा, और मरीज देखभाल की माँगें अक्सर एक साथ आती हैं, प्राचीन ध्यान अभ्यास मन की उपस्थिति, करुणा, और भलाई को बढ़ाने के लिए एक शक्तिशाली उपकरण के रूप में उभरता है। माइंडफुलनेस, जो वर्तमान क्षण की गैर-आलोचनात्मक जागरूकता की स्थिति है, बौद्ध परंपराओं में अपनी जड़ें रखती है, लेकिन हाल के वर्षों में इसे स्वास्थ्य सेवा परिदृश्य को बदलने की अपनी क्षमता के लिए व्यापक पहचान मिली है।

माइंडफुलनेस का मूल वर्तमान क्षण पर खुलेपन, जिज्ञासा, और स्वीकृति के साथ ध्यान केंद्रित करने में निहित है। यह यहाँ और अभी पर ध्यान केंद्रित करने का एक सचेत विकल्प है, बजाय इसके कि अतीत में उलझे रहें या भविष्य की चिंता करें। स्वास्थ्य सेवा के संदर्भ में, इसका अर्थ हो सकता है मरीजों के साथ पूरी तरह से जुड़ना, उनकी चिंताओं को गहराई से सुनना, और करुणा और समझ के साथ प्रतिक्रिया देना। इसका यह भी अर्थ हो सकता है कि अपने विचारों, भावनाओं, और शारीरिक संवेदनाओं के प्रति जागरूक होना, बिना किसी निर्णय या प्रतिक्रिया के।

माइंडफुलनेस का उद्देश्य मन को खाली करना या किसी आनंदमय दूरी की स्थिति प्राप्त करना नहीं है। बल्कि, यह हमारे आंतरिक और बाहरी अनुभवों, जिसमें हमारे विचार, भावनाएँ, शारीरिक संवेदनाएँ, और हमारे आसपास की दुनिया शामिल है, की अधिक जागरूकता विकसित करने के बारे में है। यह जागरूकता हमें अधिक स्पष्टता, समझदारी, और करुणा के साथ स्थितियों का उत्तर देने की अनुमति देती है।

स्वास्थ्य सेवा सेटिंग्स में, माइंडफुलनेस का अभ्यास कई तरीकों से किया जा सकता है। औपचारिक ध्यान अभ्यास, जैसे बैठकर ध्यान लगाना या बॉडी स्कैन मेडिटेशन, वर्तमान क्षण की जागरूकता को बढ़ावा देने और तनाव को कम करने में मदद कर सकते हैं। अनौपचारिक अभ्यास, जैसे सचेत चलना, खाना, या सुनना, दैनिक दिनचर्या में एकीकृत किए जा सकते हैं, जिससे स्वास्थ्य सेवा प्रदाताओं को अपने पूरे दिन माइंडफुलनेस का पोषण करने का अवसर मिलता है।

स्वास्थ्य सेवा में माइंडफुलनेस के प्रमुख लाभों में से एक इसका तनाव और बर्नआउट को कम करने की क्षमता है। स्वास्थ्य सेवा की माँगें भारी पड़ सकती हैं, और माइंडफुलनेस निरंतर दबाव से राहत प्रदान कर सकती है। कुछ क्षण रुकने, साँस लेने, और वर्तमान क्षण पर ध्यान केंद्रित करने से स्वास्थ्य सेवा प्रदाता अपनी ऊर्जा पुनः प्राप्त कर सकते हैं, तनाव को कम कर सकते हैं, और अपनी समग्र भलाई में सुधार कर सकते हैं।

माइंडफुलनेस सहानुभूति और करुणा को भी बढ़ा सकती है। जब हम अपने मरीजों के साथ पूरी तरह से उपस्थित होते हैं, तो हम उनके अनुभवों को बेहतर ढंग से समझने, उनकी भावनाओं से जुड़ने, और दया और देखभाल के साथ प्रतिक्रिया करने में सक्षम होते हैं। यह मजबूत मरीज-प्रदाता संबंध, बेहतर संचार, और बेहतर स्वास्थ्य परिणामों की ओर ले जा सकता है।

इसके अतिरिक्त, माइंडफुलनेस ध्यान और एकाग्रता में सुधार कर सकती है, जो स्वास्थ्य सेवा प्रदाताओं के लिए आवश्यक कौशल हैं। अपने दिमाग को काम पर ध्यान केंद्रित करने के लिए प्रशिक्षित करके, स्वास्थ्य सेवा प्रदाता त्रुटियों को कम

कर सकते हैं, निर्णय लेने में सुधार कर सकते हैं, और अधिक प्रभावी देखभाल प्रदान कर सकते हैं।

माइंडफुलनेस आत्म-जागरूकता को भी बढ़ा सकती है, जो स्वास्थ्य सेवा पेशेवरों के लिए एक महत्वपूर्ण कौशल है। अपने विचारों, भावनाओं, और शारीरिक संवेदनाओं पर ध्यान केंद्रित करके, स्वास्थ्य सेवा प्रदाता अपने पूर्वाग्रहों, उत्तेजनाओं, और तनाव प्रतिक्रियाओं के प्रति अधिक जागरूक हो सकते हैं। यह आत्म-जागरूकता उन्हें अधिक समता और करुणा के साथ चुनौतीपूर्ण परिस्थितियों का उत्तर देने में मदद कर सकती है।

स्वास्थ्य सेवा में माइंडफुलनेस के लाभ केवल व्यक्तिगत स्वास्थ्य सेवा प्रदाताओं तक सीमित नहीं हैं। माइंडफुलनेस स्वास्थ्य सेवा संगठनों की संस्कृति को भी बदल सकती है, एक अधिक करुणामय, सहायक, और सहयोगी वातावरण बनाकर। जब स्वास्थ्य सेवा प्रदाता माइंडफुल होते हैं, तो वे प्रभावी ढंग से संवाद करने, टीम के रूप में काम करने, और मरीज-केंद्रित देखभाल को प्राथमिकता देने की अधिक संभावना रखते हैं।

इसके कई लाभों के बावजूद, माइंडफुलनेस कोई त्वरित समाधान नहीं है। माइंडफुलनेस कौशल विकसित करने में समय, धैर्य, और अभ्यास लगता है। हालाँकि, इसके परिणाम प्रयास के लायक हैं। अपनी व्यक्तिगत और पेशेवर जीवन में माइंडफुलनेस को शामिल करके, स्वास्थ्य सेवा प्रदाता अधिक भलाई, बढ़ी हुई करुणा, और बेहतर मरीज देखभाल का अनुभव कर सकते हैं।

स्वास्थ्य सेवा में माइंडफुलनेस का एकीकरण अभी अपने प्रारंभिक चरण में है, लेकिन इसकी प्रभावशीलता के लिए साक्ष्य का आधार तेजी से बढ़ रहा है। अध्ययनों ने दिखाया है कि माइंडफुलनेस-आधारित हस्तक्षेप तनाव, चिंता, और अवसाद को कम कर सकते हैं, मरीजों और स्वास्थ्य सेवा प्रदाताओं दोनों में। ये नींद की गुणवत्ता में सुधार कर सकते हैं, प्रतिरक्षा प्रणाली को बढ़ावा दे सकते हैं, और समग्र भलाई को बढ़ा सकते हैं।

जैसे-जैसे स्वास्थ्य सेवा परिदृश्य विकसित होता रहता है, माइंडफुलनेस मरीजों और प्रदाताओं दोनों की भलाई को बढ़ावा देने में एक महत्वपूर्ण भूमिका निभाने की

संभावना है। वर्तमान क्षण की जागरूकता को बढ़ावा देकर, स्वास्थ्य सेवा प्रदाता करुणा, लचीलापन, और उपचार की अपनी अंतर्निहित क्षमता का उपयोग कर सकते हैं, सभी के लिए एक अधिक मानवीय और प्रभावी स्वास्थ्य सेवा प्रणाली का निर्माण कर सकते हैं।

माइंडफुलनेस वह लंगर है जो हमें वर्तमान क्षण में स्थिर करता है, स्वास्थ्य सेवा की अराजकता और अनिश्चितता से एक शरण। अपने विचारों, भावनाओं, और संवेदनाओं की जागरूकता को बढ़ावा देकर, हम अपने मरीजों और स्वयं की जरूरतों के प्रति अधिक संवेदनशील हो जाते हैं।

17

करुणा प्रशिक्षण: करुणामय देखभाल के कौशल विकसित करना

स्वास्थ्य सेवा के जटिल क्षेत्र में, जहाँ मानवीय संवेदनशीलता उतनी ही महत्वपूर्ण है जितनी कि चिकित्सा विशेषज्ञता, करुणा प्रशिक्षण एक अधिक सहानुभूतिपूर्ण और मरीज-केंद्रित दृष्टिकोण को विकसित करने के लिए एक आवश्यक उपकरण के रूप में उभरता है। करुणा, जिसे अक्सर दूसरों की पीड़ा के प्रति गहरी जागरूकता और उसे कम करने की इच्छा के रूप में परिभाषित किया जाता है, केवल एक जन्मजात गुण नहीं है, बल्कि यह एक कौशल है जिसे सीखा, निखारा और स्वास्थ्य सेवा अभ्यास के ताने-बाने में शामिल किया जा सकता है। करुणा प्रशिक्षण कार्यक्रम, जो स्वास्थ्य सेवा प्रदाताओं की सहानुभूति, समझ, और जुड़ाव की क्षमता को बढ़ाने के लिए डिज़ाइन किए गए हैं, न केवल व्यक्तिगत संपर्कों को बल्कि देखभाल की समग्र संस्कृति को बदलने का मार्ग प्रदान करते हैं।

करुणा प्रशिक्षण का मुख्य उद्देश्य मानसिकता में बदलाव लाना है, केवल एक नैदानिक या कार्य-उन्मुख दृष्टिकोण से हटकर मरीजों के भावनात्मक और मनोवैज्ञानिक भलाई को प्राथमिकता देने वाले दृष्टिकोण की ओर बढ़ना। यह मानवीय अनुभव की गहरी समझ विकसित करने, पीड़ा की सार्वभौमिकता को पहचानने, और इसे कम करने की वास्तविक इच्छा विकसित करने के बारे में है। दृष्टिकोण में यह बदलाव स्वास्थ्य सेवा प्रदाताओं के मरीजों के साथ बातचीत

करने के तरीके को गहराई से प्रभावित कर सकता है, जिससे अधिक करुणामय और प्रभावी देखभाल संभव हो सकती है।

करुणा प्रशिक्षण कार्यक्रम आमतौर पर मनोविज्ञान, तंत्रिका विज्ञान, माइंडफुलनेस, और चिंतनशील प्रथाओं से अंतर्दृष्टि प्राप्त करके विभिन्न तकनीकों और दृष्टिकोणों को शामिल करते हैं। इन कार्यक्रमों की एक सामान्य विशेषता आत्म-जागरूकता पर जोर है, यह पहचानना कि हमारी अपनी भावनाएँ, पूर्वाग्रह, और अनुभव दूसरों के साथ हमारी बातचीत को कैसे प्रभावित कर सकते हैं। इन आंतरिक कारकों के प्रति अधिक जागरूक होकर, स्वास्थ्य सेवा प्रदाता अपनी भावनाओं को अधिक प्रभावी ढंग से प्रबंधित करना और मरीजों के प्रति अधिक सहानुभूति और समझ के साथ प्रतिक्रिया करना सीख सकते हैं।

करुणा प्रशिक्षण का एक अन्य प्रमुख घटक परिप्रेक्ष्य लेना है, अर्थात् दुनिया को दूसरे के दृष्टिकोण से देखने की क्षमता। इसमें अपनी धारणाओं और पूर्वाग्रहों से बाहर निकलना, और वास्तव में मरीज के दृष्टिकोण को सुनना और समझना शामिल है। यह जिज्ञासा रखने, खुले-प्रश्न पूछने, और मरीज की भावनाओं को बिना किसी निर्णय के मान्यता देने की तत्परता की माँग करता है।

माइंडफुलनेस, अर्थात् वर्तमान क्षण पर खुलेपन और स्वीकृति के साथ ध्यान केंद्रित करने का अभ्यास, करुणा प्रशिक्षण का एक केंद्रीय तत्व भी है। माइंडफुलनेस को विकसित करके, स्वास्थ्य सेवा प्रदाता अपने मरीजों के साथ अधिक उपस्थित रह सकते हैं, अधिक गहराई से सुन सकते हैं, और अधिक करुणा और समझ के साथ प्रतिक्रिया कर सकते हैं। माइंडफुलनेस तनाव और बर्नआउट को कम करने में भी मदद कर सकती है, जो स्वास्थ्य सेवा पेशे में आम चुनौतियाँ हैं।

करुणा प्रशिक्षण कार्यक्रम अक्सर अनुभवात्मक अभ्यास, जैसे रोल-प्ले और सिमुलेशन, शामिल करते हैं ताकि स्वास्थ्य सेवा प्रदाता अपने कौशल को एक सुरक्षित और सहायक वातावरण में अभ्यास कर सकें। ये अभ्यास प्रतिभागियों को विभिन्न परिदृश्यों का पता लगाने, अपने सहकर्मियों से प्रतिक्रिया प्राप्त करने, और अपने संवाद और अंतर-व्यक्तिगत कौशल को परिष्कृत करने की अनुमति देते हैं।

करुणा प्रशिक्षण का एक अन्य महत्वपूर्ण पहलू आत्म-करुणा का विकास है। स्वास्थ्य सेवा प्रदाता, जो अक्सर दूसरों की देखभाल करने के लिए समर्पित होते हैं, अपनी जरूरतों और भलाई की उपेक्षा कर सकते हैं। आत्म-करुणा में अपने साथ दयालुता और समझ के साथ व्यवहार करना, यह पहचानना शामिल है कि हम सभी मानव हैं और गलतियाँ करने के लिए प्रवृत्त हैं। यह लचीलापन का एक महत्वपूर्ण घटक है और स्वास्थ्य सेवा प्रदाताओं को बर्नआउट और करुणा थकान से बचने में मदद कर सकता है।

करुणा प्रशिक्षण के लाभ कई और व्यापक हैं। स्वास्थ्य सेवा प्रदाताओं के लिए, यह सहानुभूति बढ़ाने, संवाद कौशल में सुधार, तनाव और बर्नआउट को कम करने, और नौकरी संतोष बढ़ाने में मदद कर सकता है। यह उन्हें मरीजों के साथ संबंध बनाने, विश्वास बढ़ाने, और अधिक प्रभावी देखभाल प्रदान करने की उनकी क्षमता को भी बढ़ा सकता है।

मरीजों के लिए, करुणा प्रशिक्षण एक अधिक सकारात्मक स्वास्थ्य सेवा अनुभव ला सकता है। जब स्वास्थ्य सेवा प्रदाता करुणामय होते हैं, तो मरीज सुने, समझे, और मूल्यवान महसूस करते हैं। यह स्वास्थ्य सेवा प्रणाली में विश्वास बढ़ा सकता है, उपचार योजनाओं का पालन बढ़ा सकता है, और बेहतर स्वास्थ्य परिणाम ला सकता है।

करुणा प्रशिक्षण एक बार का कार्यक्रम नहीं है; यह एक सतत प्रक्रिया है जिसमें निरंतर सीखने और अभ्यास की आवश्यकता होती है। यह पूर्णता प्राप्त करने के बारे में नहीं है, बल्कि करुणा, सहानुभूति, और जुड़ाव की मानसिकता विकसित करने के बारे में है। करुणा प्रशिक्षण में निवेश करके, स्वास्थ्य सेवा संगठन एक अधिक करुणामय और मरीज-केंद्रित संस्कृति बना सकते हैं, जो मरीजों और प्रदाताओं दोनों के लिए लाभकारी हो।

स्वास्थ्य सेवा शिक्षा और अभ्यास में करुणा प्रशिक्षण का एकीकरण अभी अपने शुरुआती चरण में है, लेकिन इसकी प्रभावशीलता के लिए साक्ष्य का आधार तेजी से बढ़ रहा है। अध्ययनों से पता चला है कि करुणा प्रशिक्षण स्वास्थ्य सेवा प्रदाताओं की सहानुभूति, संवाद कौशल, और समग्र भलाई को काफी हद तक

सुधार सकता है। यह तनाव, बर्नआउट, और करुणा थकान को कम करने में भी मदद कर सकता है।

जैसे-जैसे स्वास्थ्य सेवा परिदृश्य विकसित होता रहता है, करुणा प्रशिक्षण यह सुनिश्चित करने में एक महत्वपूर्ण भूमिका निभाने की संभावना है कि स्वास्थ्य सेवा प्रदाता उच्च गुणवत्ता वाली, मरीज-केंद्रित देखभाल प्रदान करने के लिए आवश्यक कौशल से लैस हों। करुणा प्रशिक्षण में निवेश करके, स्वास्थ्य सेवा संगठन एक अधिक करुणामय और प्रभावी स्वास्थ्य सेवा प्रणाली बना सकते हैं, जो वास्तव में मरीजों की जरूरतों को देखभाल के केंद्र में रखती है।

करुणा प्रशिक्षण आत्म-अन्वेषण की यात्रा है, अधिक सहानुभूति, समझ, और जुड़ाव की ओर एक मार्ग। करुणामय देखभाल के अपने कौशल को विकसित करके, हम न केवल अपनी भलाई को बढ़ाते हैं, बल्कि उन लोगों के जीवन को भी बदलते हैं जिनकी हम सेवा करते हैं।

18

करुणा का मापन: करुणामय देखभाल के प्रभाव का मूल्यांकन

स्वास्थ्य सेवा के जटिल परिदृश्य में, जहाँ मानवीय संवेदनशीलता चिकित्सा विशेषज्ञता जितनी ही महत्वपूर्ण है, करुणा की अवधारणा को लंबे समय से गुणवत्तापूर्ण देखभाल के आधार के रूप में मान्यता दी गई है। हालाँकि, इस अदृश्य लेकिन आवश्यक तत्व को मापने और मूल्यांकन करने की चुनौती बनी रहती है। करुणा का मापन, जो जटिल और बहुआयामी है, मरीजों के परिणामों, स्वास्थ्य सेवा प्रदाताओं की भलाई, और समग्र स्वास्थ्य सेवा प्रणाली पर इसके प्रभाव को समझने के लिए महत्वपूर्ण है। यह हमें उन क्षेत्रों की पहचान करने में सक्षम बनाता है जहाँ करुणा फल-फूल रही है, उन क्षेत्रों को चिह्नित करता है जिन्हें सुधार की आवश्यकता है, और अंततः एक अधिक करुणामय और मरीज-केंद्रित स्वास्थ्य सेवा वातावरण का निर्माण करता है।

करुणा, जिसे अक्सर दूसरों की पीड़ा के प्रति गहरी जागरूकता और उसे कम करने की इच्छा के रूप में परिभाषित किया जाता है, व्यवहार, दृष्टिकोण, और भावनाओं की एक विस्तृत श्रृंखला को समेटे हुए है। यह केवल दया या सहानुभूति की बात नहीं है, बल्कि यह संज्ञानात्मक, भावात्मक, और प्रेरक कारकों के जटिल अंतःक्रिया का परिणाम है। यह जटिलता करुणा को मापने के प्रयास को चुनौतीपूर्ण बनाती है, जिसमें मरीजों और प्रदाताओं के व्यक्तिगत अनुभवों के

साथ-साथ व्यवहार और परिणामों के वस्तुनिष्ठ माप को शामिल करने वाला बहुआयामी दृष्टिकोण आवश्यक है।

करुणा को मापने के सबसे सामान्य दृष्टिकोणों में से एक स्व-रिपोर्ट प्रश्नावली है। इन प्रश्नावलियों में आमतौर पर व्यक्तियों से अपनी करुणा, सहानुभूति, और संबंधित गुणों का मूल्यांकन करने के लिए कहा जाता है। जबकि स्व-रिपोर्ट उपाय प्रशासित करने में आसान हैं और व्यक्तिगत अनुभवों में मूल्यवान अंतर्दृष्टि प्रदान कर सकते हैं, वे पूर्वाग्रहों के प्रति संवेदनशील होते हैं और हमेशा वास्तविक व्यवहार को सटीक रूप से प्रतिबिंबित नहीं कर सकते।

इन सीमाओं को दूर करने के लिए, शोधकर्ताओं ने करुणा के विभिन्न अवलोकनीय माप विकसित किए हैं। इन उपायों में प्रशिक्षित पर्यवेक्षकों को शामिल किया जाता है जो मरीजों के साथ स्वास्थ्य सेवा प्रदाताओं की बातचीत का आकलन करते हैं, सक्रिय सुनने, सहानुभूति, और गैर-मौखिक संचार जैसे करुणा के संकेतों की तलाश करते हैं। जबकि अवलोकनीय उपाय अधिक वस्तुनिष्ठ डेटा प्रदान कर सकते हैं, वे समय लेने वाले और संसाधन-गहन भी हो सकते हैं।

करुणा को मापने का एक और दृष्टिकोण मरीज-रिपोर्ट परिणामों के माध्यम से है। इसमें मरीजों से उनके स्वास्थ्य सेवा प्रदाताओं से करुणा के अनुभवों का मूल्यांकन करने के लिए कहा जाता है। ये उपाय देखभाल की गुणवत्ता पर मूल्यवान प्रतिक्रिया प्रदान कर सकते हैं और उन क्षेत्रों की पहचान कर सकते हैं जहाँ करुणा की कमी है। हालाँकि, मरीज-रिपोर्ट परिणाम ऐसे कारकों से प्रभावित हो सकते हैं जैसे मरीज की अपेक्षाएँ, व्यक्तित्व, और सांस्कृतिक पृष्ठभूमि।

इन व्यक्तिगत स्तर के उपायों के अलावा, स्वास्थ्य सेवा संगठनों के भीतर समग्र करुणा संस्कृति का आकलन करने में बढ़ती रुचि है। इसमें नेतृत्व शैलियों, संवाद पैटर्न, और स्वास्थ्य सेवा प्रदाताओं के लिए संसाधनों और समर्थन की उपलब्धता जैसे कारकों का आकलन करना शामिल है। संगठनात्मक स्तर के उपाय स्वास्थ्य सेवा सेटिंग्स में करुणा को बढ़ावा देने या बाधित करने वाले प्रणालीगत कारकों में मूल्यवान अंतर्दृष्टि प्रदान कर सकते हैं।

करुणा का मापन केवल एकल चर को मात्रात्मक बनाने के बारे में नहीं है; यह उन

जटिल कारकों की अंतःक्रिया को समझने के बारे में है जो करुणामय देखभाल में योगदान करते हैं। इसमें स्वास्थ्य सेवा प्रदाताओं की व्यक्तिगत विशेषताओं, जैसे उनकी व्यक्तित्व, मूल्य, और विश्वास, साथ ही उनके व्यवहार को आकार देने वाले संगठनात्मक और पर्यावरणीय कारकों की जांच करना शामिल है। यह उस व्यापक सामाजिक और सांस्कृतिक संदर्भ पर विचार करना भी शामिल है जिसमें स्वास्थ्य सेवा प्रदान की जाती है।

करुणामय देखभाल का प्रभाव व्यापक है। अध्ययनों से पता चला है कि वे मरीज जो अपने स्वास्थ्य सेवा प्रदाताओं को करुणामय मानते हैं, उनके उन पर अधिक विश्वास करने, उपचार योजनाओं का पालन करने, और बेहतर स्वास्थ्य परिणाम अनुभव करने की संभावना अधिक होती है। करुणामय देखभाल को मरीजों में दर्द, चिंता, और अवसाद को कम करने से भी जोड़ा गया है।

स्वास्थ्य सेवा प्रदाताओं के लिए, करुणा को नौकरी संतोष, बर्नआउट में कमी, और बेहतर भलाई से जोड़ा गया है। यह मरीजों के साथ बेहतर संवाद और सहयोग की ओर भी ले जा सकता है, जो देखभाल की गुणवत्ता को बढ़ा सकता है।

संगठनात्मक स्तर पर, करुणा को कर्मचारियों के मनोबल में सुधार, मरीज संतोष में वृद्धि, और समुदाय में एक मजबूत प्रतिष्ठा से जोड़ा गया है। यह अधिक कुशल और प्रभावी देखभाल की ओर भी ले जा सकता है, क्योंकि करुणामय स्वास्थ्य सेवा प्रदाताओं के टीम के रूप में एक साथ काम करने और मरीज-केंद्रित देखभाल को प्राथमिकता देने की अधिक संभावना होती है।

चुनौतियों के बावजूद, करुणा को मापना इसके प्रभाव को समझने और एक अधिक करुणामय स्वास्थ्य सेवा प्रणाली बनाने के लिए आवश्यक है। विभिन्न उपायों को विकसित और उपयोग करके, हम स्वास्थ्य सेवा में करुणा की अधिक व्यापक समझ प्राप्त कर सकते हैं और इसके विकास को बढ़ावा देने के लिए रणनीतियों की पहचान कर सकते हैं।

अंत में, करुणा को मापना एक जटिल लेकिन आवश्यक कार्य है। इसमें मरीजों और प्रदाताओं के व्यक्तिपरक अनुभवों के साथ-साथ व्यवहार और परिणामों के वस्तुनिष्ठ माप को समेटने वाला बहुआयामी दृष्टिकोण शामिल है। करुणा के

प्रभाव को समझकर, हम एक अधिक करुणामय और मरीज-केंद्रित स्वास्थ्य सेवा वातावरण बना सकते हैं, जहाँ सहानुभूति, दया, और समझ देखभाल के केंद्र में हों।

करुणा को मापना एक जटिल प्रयास है, जो व्यक्तिपरक अनुभवों और वस्तुनिष्ठ डेटा दोनों से बुना हुआ एक ताना-बाना है। करुणा की बहुआयामी प्रकृति को समझकर, हम इसके प्रभाव को पहचान सकते हैं, इसके विकास को बढ़ावा दे सकते हैं, और एक अधिक करुणामय स्वास्थ्य सेवा प्रणाली बना सकते हैं।

19

प्रौद्योगिकी और करुणा: मरीज देखभाल को बढ़ाने के लिए उपकरणों का उपयोग

स्वास्थ्य सेवा के तेजी से विकसित हो रहे परिदृश्य में, प्रौद्योगिकी एक परिवर्तनकारी शक्ति के रूप में उभरकर सामने आई है, जिसने बीमारियों के निदान, उपचार, और प्रबंधन के तरीके में क्रांति ला दी है। हालाँकि, तकनीकी प्रगति ने निस्संदेह चिकित्सा प्रक्रियाओं की दक्षता और सटीकता में सुधार किया है, लेकिन यह बढ़ती समझ है कि केवल तकनीक मानवीय स्पर्श की जगह नहीं ले सकती। करुणा, दूसरों की पीड़ा के प्रति गहरी जागरूकता और उसे कम करने की इच्छा, गुणवत्तापूर्ण स्वास्थ्य सेवा का एक मौलिक पहलू बनी रहती है। चुनौती तब यह है कि प्रौद्योगिकी और करुणा को इस तरह से एकीकृत किया जाए कि डिजिटल उपकरणों की शक्ति का उपयोग मरीज देखभाल को बढ़ाने के लिए किया जा सके, जबकि उपचार के केंद्र में मानवीय संबंध को बनाए रखा जा सके।

प्रौद्योगिकी, अपने विविध रूपों में, स्वास्थ्य सेवा में करुणा को बढ़ा भी सकती है और बाधित भी कर सकती है। एक ओर, यह प्रक्रियाओं को सुव्यवस्थित कर सकती है, नियमित कार्यों को स्वचालित कर सकती है, और विशाल मात्रा में जानकारी तक पहुँच प्रदान कर सकती है, जिससे स्वास्थ्य सेवा प्रदाताओं को रिश्ते

बनाने और अपने मरीजों को भावनात्मक समर्थन प्रदान करने पर ध्यान केंद्रित करने का समय मिलता है। दूसरी ओर, प्रौद्योगिकी संचार में बाधाएँ पैदा कर सकती है, निर्जनता में योगदान कर सकती है, और अकेलेपन और अलगाव की भावनाओं को और बढ़ा सकती है।

प्रौद्योगिकी और करुणा को एकीकृत करने के सबसे आशाजनक तरीकों में से एक टेलीमेडिसिन का उपयोग है। टेलीमेडिसिन, दूरसंचार तकनीकों का उपयोग करके दूरस्थ रूप से स्वास्थ्य सेवाएँ प्रदान करना, हाल के वर्षों में विशेष रूप से COVID-19 महामारी के दौरान लोकप्रियता में तेजी से बढ़ा है। टेलीमेडिसिन देखभाल तक पहुँच में सुधार कर सकता है, विशेष रूप से ग्रामीण या सेवाओं से वंचित क्षेत्रों में मरीजों के लिए, और संक्रामक रोगों के संपर्क के जोखिम को भी कम कर सकता है।

हालाँकि पहली नज़र में टेलीमेडिसिन व्यक्तिगत नहीं लग सकती, यह कई तरीकों से अधिक करुणामय देखभाल को बढ़ावा दे सकती है। उदाहरण के लिए, वर्चुअल विज़िट्स स्वास्थ्य सेवा प्रदाताओं को मरीजों को उनके घरों में देखने की अनुमति देती हैं, उनके रहने के वातावरण और सामाजिक संदर्भ को गहराई से समझने का अवसर प्रदान करती हैं। यह अधिक समग्र और व्यक्तिगत देखभाल की ओर ले जा सकता है, क्योंकि प्रदाता मरीज की विशिष्ट परिस्थितियों के अनुसार अपनी सिफारिशों को अनुकूलित कर सकते हैं।

टेलीमेडिसिन मरीजों और प्रदाताओं के बीच अधिक बार और सुविधाजनक संचार को भी सुविधाजनक बना सकती है। यह विशेष रूप से उन मरीजों के लिए फायदेमंद हो सकता है जिनके पास पुरानी स्थितियाँ हैं और जिन्हें निरंतर समर्थन और निगरानी की आवश्यकता होती है। नियमित जाँच-पड़ताल और वर्चुअल परामर्श के लिए एक मंच प्रदान करके, टेलीमेडिसिन मरीजों को उनके स्वास्थ्य सेवा दल से अधिक जुड़ा हुआ महसूस करने और अपने स्वास्थ्य को प्रबंधित करने के लिए सशक्त बना सकती है।

स्वास्थ्य सेवा में करुणा को बढ़ाने का एक और तरीका मरीज पोर्टलों का उपयोग है। मरीज पोर्टल सुरक्षित ऑनलाइन प्लेटफ़ॉर्म हैं जो मरीजों को अपने चिकित्सा रिकॉर्ड तक पहुँचने, अपने स्वास्थ्य सेवा प्रदाताओं के साथ संवाद करने,

अपॉइंटमेंट निर्धारित करने, और प्रिस्क्रिप्शन को फिर से भरने की अनुमति देते हैं। मरीजों को उनके स्वयं के स्वास्थ्य डेटा और देखभाल पर अधिक नियंत्रण देकर, मरीज पोर्टल उन्हें उनके स्वास्थ्य सेवा सफर के अधिक सक्रिय भागीदार बनने के लिए सशक्त बना सकते हैं।

मरीज पोर्टल अधिक करुणामय देखभाल की सुविधा भी प्रदान कर सकते हैं, क्योंकि वे मरीजों और प्रदाताओं के बीच खुले और पारदर्शी संचार के लिए एक मंच प्रदान करते हैं। मरीज पोर्टल का उपयोग सवाल पूछने, अपनी चिंताओं को साझा करने, और अपनी देखभाल पर प्रतिक्रिया देने के लिए कर सकते हैं। स्वास्थ्य सेवा प्रदाता पोर्टल का उपयोग मरीजों के साथ जानकारी साझा करने, उनके सवालों का जवाब देने, और समर्थन और प्रोत्साहन प्रदान करने के लिए कर सकते हैं।

आर्टिफिशियल इंटेलिजेंस (एआई) स्वास्थ्य सेवा में एक और तकनीकी प्रगति है जिसमें परिवर्तन की क्षमता है। एआई-संचालित उपकरण विशाल मात्रा में डेटा का विश्लेषण कर सकते हैं, पैटर्न की पहचान कर सकते हैं, और भविष्यवाणियाँ कर सकते हैं, जिससे स्वास्थ्य सेवा प्रदाताओं को निदान और उपचार के बारे में अधिक सूचित निर्णय लेने में मदद मिल सकती है। एआई का उपयोग देखभाल को वैयक्तिकृत करने के लिए भी किया जा सकता है, प्रत्येक मरीज की व्यक्तिगत ज़रूरतों और प्राथमिकताओं के अनुसार हस्तक्षेपों को तैयार किया जा सकता है।

भले ही एआई ठंडी और निर्जीव तकनीक लग सकती है, इसका उपयोग वास्तव में स्वास्थ्य सेवा में करुणा को बढ़ाने के लिए किया जा सकता है। उदाहरण के लिए, एआई-संचालित चैटबॉट मरीजों को जानकारी और समर्थन तक 24/7 पहुँच प्रदान कर सकते हैं, उनके सवालों का जवाब दे सकते हैं और उनकी चिंताओं का समाधान कर सकते हैं। यह विशेष रूप से उन मरीजों के लिए सहायक हो सकता है जो चिंतित या अलग-थलग महसूस कर रहे हैं, क्योंकि यह उन्हें जुड़ाव और आश्वासन की भावना प्रदान कर सकता है।

वर्चुअल रियलिटी (वीआर) एक और उभरती हुई तकनीक है जिसमें स्वास्थ्य सेवा में करुणा को बढ़ाने की क्षमता है। वीआर का उपयोग दर्द, चिंता, और तनाव को प्रबंधित करने में मदद के लिए इमर्सिव अनुभव बनाने के लिए किया जा सकता है। उदाहरण के लिए, वीआर मरीजों को शांतिपूर्ण वातावरण, जैसे समुद्र तट या

जंगल, में ले जा सकता है या दर्दनाक प्रक्रियाओं से ध्यान भटका सकता है।

वीआर का उपयोग स्वास्थ्य सेवा प्रदाताओं को सहानुभूति और संवाद कौशल में प्रशिक्षित करने के लिए भी किया जा सकता है। यथार्थवादी मरीज अनुभवों का अनुकरण करके, वीआर प्रदाताओं को एक सुरक्षित और सहायक वातावरण में अपने कौशल का अभ्यास करने की अनुमति देता है। यह उन्हें अपने मरीजों के प्रति अधिक सहानुभूति विकसित करने और प्रभावी ढंग से संवाद करने की उनकी क्षमता में सुधार करने में मदद कर सकता है।

स्वास्थ्य सेवा में प्रौद्योगिकी और करुणा का एकीकरण चुनौतियों के बिना नहीं है। गोपनीयता और सुरक्षा के बारे में चिंताएँ हैं, साथ ही प्रौद्योगिकी के मानवीय संपर्क को बदलने की क्षमता भी है। यह सुनिश्चित करना महत्वपूर्ण है कि प्रौद्योगिकी का उपयोग नैतिक और जिम्मेदारी से किया जाए, इस पर ध्यान केंद्रित किया जाए कि यह मानवीय संबंध को बढ़ाए, न कि इसे प्रतिस्थापित करे।

अंत में, प्रौद्योगिकी में स्वास्थ्य सेवा में क्रांति लाने की क्षमता है, लेकिन यह याद रखना महत्वपूर्ण है कि केवल प्रौद्योगिकी मानवीय स्पर्श की जगह नहीं ले सकती। करुणा, दूसरों की पीड़ा के प्रति गहरी जागरूकता और उसे कम करने की इच्छा, गुणवत्तापूर्ण स्वास्थ्य सेवा का एक मौलिक पहलू बनी रहती है। प्रौद्योगिकी और करुणा को एकीकृत करके, हम मरीज देखभाल को बढ़ाने के लिए डिजिटल उपकरणों की शक्ति का उपयोग कर सकते हैं, जबकि उपचार के केंद्र में मानवीय संपर्क को बनाए रख सकते हैं।

प्रौद्योगिकी एक दोधारी तलवार है, एक उपकरण जो स्वास्थ्य सेवा में करुणा को बढ़ा या बाधित कर सकता है। इसे बुद्धिमानी और नैतिकता से उपयोग करके, हम इसके जुड़ने, सशक्त बनाने, और उपचार की शक्ति का उपयोग कर सकते हैं।

20

अनुसंधान में करुणा: मरीज की भलाई को प्राथमिकता देने वाले अध्ययन का डिज़ाइन

चिकित्सा अनुसंधान, जो मानव स्वास्थ्य और बीमारियों के रहस्यों को सुलझाने के लिए समर्पित एक निरंतर विकसित होने वाला क्षेत्र है, केवल वैज्ञानिक जाँच और डेटा विश्लेषण तक सीमित नहीं है। अपने मूल में, यह एक गहन मानवीय प्रयास है, जो अनगिनत व्यक्तियों की भलाई से गहराई से जुड़ा हुआ है, जो चिकित्सा प्रगति में योगदान करने और अंततः अपने जीवन को बेहतर बनाने की आशा के साथ अध्ययनों में भाग लेते हैं। अनुसंधान में करुणा, जो वैज्ञानिक समुदाय में बढ़ती मान्यता प्राप्त कर रही है, अध्ययन के डिज़ाइन और संचालन में एक दृष्टिकोण परिवर्तन की माँग करती है, जिसमें पूरे प्रक्रिया के दौरान प्रतिभागियों की भलाई, स्वायत्तता, और गरिमा को प्राथमिकता दी जाती है।

ऐतिहासिक रूप से, अनुसंधान अक्सर ज्ञान और नवाचार की इच्छा से प्रेरित रहा है, जिसमें कभी-कभी इसमें शामिल व्यक्तियों की कीमत पर समझौता किया गया है। कुख्यात टस्केगी सिफलिस अध्ययन, जिसमें अफ्रीकी-अमेरिकी पुरुषों को जानबूझकर सिफलिस के लिए बिना इलाज के छोड़ दिया गया था, अनुसंधान में प्रतिभागियों की भलाई को प्राथमिकता न देने पर नैतिक उल्लंघनों की स्पष्ट

याद दिलाता है। हालाँकि आज इस तरह के घोर उल्लंघन दुर्लभ हैं, अनुसंधान में करुणा का सिद्धांत केवल नुकसान से बचने तक सीमित नहीं है; यह प्रतिभागियों की भलाई को सक्रिय रूप से बढ़ावा देने और यह सुनिश्चित करने की माँग करता है कि उनके ज़रूरतों और दृष्टिकोण अनुसंधान प्रक्रिया के केंद्र में हों।

करुणा के साथ अध्ययन डिज़ाइन करना मानसिकता में एक मौलिक बदलाव की माँग करता है। शोधकर्ताओं को केवल एक वैज्ञानिक या उपयोगितावादी दृष्टिकोण से दूर हटकर एक अधिक समग्र दृष्टिकोण अपनाना चाहिए, जो प्रत्येक प्रतिभागी के अंतर्निहित मूल्य और गरिमा को मान्यता देता हो। इसमें अनुसंधान के संभावित जोखिमों और लाभों पर केवल सांख्यिकीय दृष्टिकोण से नहीं, बल्कि व्यक्ति के दृष्टिकोण से विचार करना शामिल है। इसका अर्थ यह स्वीकार करना है कि अनुसंधान में भाग लेना एक तनावपूर्ण और संवेदनशील अनुभव हो सकता है, और किसी भी संभावित नुकसान को कम करने के लिए कदम उठाना आवश्यक है।

अनुसंधान में करुणा के मुख्य सिद्धांतों में से एक सूचित सहमति है। इसका अर्थ यह सुनिश्चित करना है कि प्रतिभागी अनुसंधान के उद्देश्य, इसमें शामिल प्रक्रियाओं, और संभावित जोखिमों और लाभों को पूरी तरह समझते हों। इसका यह भी अर्थ है कि प्रतिभागियों को बिना किसी दंड के किसी भी समय अध्ययन से हटने की स्वतंत्रता हो। सूचित सहमति केवल एक कानूनी आवश्यकता नहीं है, बल्कि यह एक नैतिक अनिवार्यता है, जो यह सुनिश्चित करती है कि प्रतिभागियों के साथ सम्मान और स्वायत्तता के साथ व्यवहार किया जाए।

अनुसंधान में करुणा का एक अन्य महत्वपूर्ण पहलू जोखिम को कम करना है। शोधकर्ताओं को अध्ययन के संभावित लाभों का प्रतिभागियों के संभावित जोखिमों के साथ सावधानीपूर्वक मूल्यांकन करना चाहिए। उन्हें कम से कम आक्रामक प्रक्रियाओं का उपयोग करने, असुविधा को कम करने, और पर्याप्त समर्थन और फॉलो-अप देखभाल प्रदान करने का प्रयास करना चाहिए। जब जोखिम अनिवार्य हों, तो शोधकर्ताओं को उनके बारे में पारदर्शी होना चाहिए और यह सुनिश्चित करना चाहिए कि प्रतिभागियों को भाग लेने से पहले पूरी जानकारी दी जाए।

अनुसंधान में करुणा डेटा संग्रह और विश्लेषण के तरीके तक भी विस्तारित होती है। शोधकर्ताओं को अपने प्रश्नों और प्रक्रियाओं के प्रतिभागियों पर संभावित प्रभाव के प्रति सतर्क रहना चाहिए। उन्हें एक सुरक्षित और सहायक वातावरण बनाने का प्रयास करना चाहिए, जहाँ प्रतिभागी अपने अनुभवों और दृष्टिकोणों को साझा करने में सहज महसूस करें। डेटा विश्लेषण सटीकता और पारदर्शिता के साथ किया जाना चाहिए, जिससे यह सुनिश्चित हो सके कि परिणाम सटीक और अर्थपूर्ण हों।

इन नैतिक विचारों के अलावा, अनुसंधान में करुणा का मतलब उस व्यापक सामाजिक और सांस्कृतिक संदर्भ को पहचानना भी है जिसमें अनुसंधान किया जाता है। शोधकर्ताओं को इस संभावना के प्रति सतर्क रहना चाहिए कि उनका कार्य मौजूदा असमानताओं को बनाए रख सकता है या बढ़ा सकता है। उन्हें यह सुनिश्चित करने के लिए अनुसंधान प्रक्रिया में विविध समुदायों को शामिल करने का प्रयास करना चाहिए कि उनकी आवाज़ें सुनी जाएँ और उनकी ज़रूरतों को संबोधित किया जाए।

अनुसंधान में करुणा के लाभ अनेक और व्यापक हैं। प्रतिभागियों के लिए, यह एक अधिक सकारात्मक अनुसंधान अनुभव, तनाव और चिंता में कमी, और अनुसंधान प्रक्रिया में बढ़े हुए विश्वास की ओर ले जा सकता है। यह प्रतिभागियों को उनके स्वास्थ्य और भलाई का स्वामित्व लेने के लिए सशक्त भी बना सकता है, जिससे बेहतर स्वास्थ्य परिणाम प्राप्त हो सकते हैं। शोधकर्ताओं के लिए, करुणा अधिक अर्थपूर्ण और प्रभावशाली अनुसंधान की ओर ले जा सकती है, क्योंकि यह सुनिश्चित करता है कि अध्ययन मरीजों की वास्तविक दुनिया की ज़रूरतों और चिंताओं को संबोधित करने के लिए डिज़ाइन किए गए हैं। यह शोधकर्ताओं और प्रतिभागियों के बीच सहयोग और विश्वास को भी बढ़ा सकता है, जिससे अधिक सफल अनुसंधान परिणाम प्राप्त हो सकते हैं।

अनुसंधान में करुणा केवल नैतिकता का मामला नहीं है; यह अच्छे विज्ञान का भी मामला है। जब अनुसंधान करुणा के साथ किया जाता है, तो यह अधिक प्रासंगिक, विश्वसनीय, और अंततः समाज के लिए लाभकारी होने की संभावना है। प्रतिभागियों की भलाई को प्राथमिकता देकर, शोधकर्ता यह सुनिश्चित कर सकते हैं कि उनका कार्य उन लोगों के जीवन पर सकारात्मक प्रभाव डाले जिनकी यह

सेवा करने के लिए डिज़ाइन किया गया है।

अंत में, अनुसंधान में करुणा एक मौलिक सिद्धांत है, जो अनुसंधान प्रक्रिया के हर पहलू का मार्गदर्शन करना चाहिए। इसमें प्रतिभागियों की भलाई, स्वायत्तता, और गरिमा को प्राथमिकता देने वाले अध्ययन डिज़ाइन करना, जोखिम को कम करना, सूचित सहमति सुनिश्चित करना, और व्यापक सामाजिक और सांस्कृतिक संदर्भ पर विचार करना शामिल है। अनुसंधान में करुणा को अपनाकर, हम न केवल वैज्ञानिक ज्ञान को आगे बढ़ा सकते हैं, बल्कि उन अनगिनत व्यक्तियों के जीवन को भी बेहतर बना सकते हैं जो एक स्वस्थ भविष्य की आशा के साथ अनुसंधान में भाग लेते हैं।

अनुसंधान में करुणा एक नैतिक अनिवार्यता है, अनुसंधान प्रतिभागियों की भलाई, स्वायत्तता, और गरिमा को प्राथमिकता देने की प्रतिबद्धता। वैज्ञानिक रूप से कठोर लेकिन नैतिक रूप से मजबूत अध्ययन डिज़ाइन करके, हम यह सुनिश्चित करते हैं कि अनुसंधान वास्तव में मानवता की ज़रूरतों की सेवा करे।

21

करुणा के लिए समर्थन: करुणामय देखभाल नीतियों को बढ़ावा देना

स्वास्थ्य सेवा के जटिल ताने-बाने में, जहाँ व्यक्तियों की भलाई सर्वोपरि है, करुणा एक मार्गदर्शक सिद्धांत के रूप में खड़ी होती है। हालाँकि, करुणा केवल व्यक्तिगत गुण नहीं है; इसे स्वास्थ्य सेवा प्रणालियों और नीतियों के ताने-बाने में बुना जाना चाहिए ताकि यह सुनिश्चित किया जा सके कि हर मरीज को ऐसी देखभाल मिले जो न केवल चिकित्सकीय रूप से सटीक हो, बल्कि सहानुभूतिपूर्ण, सम्मानजनक और उनकी अनूठी ज़रूरतों के प्रति उत्तरदायी हो। करुणा के लिए समर्थन इस प्रकार एक महत्वपूर्ण प्रयास है, जो व्यक्तिगत अस्पतालों और क्लीनिकों से लेकर राष्ट्रीय और अंतरराष्ट्रीय संगठनों तक स्वास्थ्य सेवा प्रणाली के सभी स्तरों पर करुणामय देखभाल नीतियों को बढ़ावा देने का प्रयास करता है।

करुणा के लिए समर्थन केवल विशिष्ट नीतियों को बढ़ावा देने के बारे में नहीं है; यह स्वास्थ्य सेवा प्रणाली के भीतर एक सांस्कृतिक बदलाव लाने के बारे में है, जो मानवीय संबंध को प्राथमिकता देता है और उपचार और भलाई में करुणा के महत्व को पहचानता है। यह सुनिश्चित करना है कि स्वास्थ्य सेवा नीतियाँ सहानुभूति, सम्मान, और गरिमा के मूल्यों को प्रतिबिंबित करें और मरीजों और स्वास्थ्य सेवा प्रदाताओं दोनों को करुणामय देखभाल में शामिल होने के लिए सशक्त बनाएँ।

करुणा के लिए समर्थन का एक मुख्य पहलू करुणामय देखभाल के महत्व के बारे में जागरूकता बढ़ाना है। इसमें जनता, नीति-निर्माताओं, और स्वास्थ्य सेवा प्रदाताओं को मरीजों, प्रदाताओं, और समग्र स्वास्थ्य सेवा प्रणाली के लिए करुणा के लाभों के बारे में शिक्षित करना शामिल है। इसमें करुणा की कमी के नकारात्मक परिणामों को उजागर करना भी शामिल है, जैसे मरीज असंतोष, चिकित्सीय त्रुटियाँ, और स्वास्थ्य सेवा प्रदाताओं के बीच बर्नआउट।

करुणा के लिए समर्थन में नीति-निर्माताओं के साथ करुणामय देखभाल का समर्थन करने वाली नीतियों को बढ़ावा देना भी शामिल है। इसमें करुणा पर शोध के लिए वित्त पोषण बढ़ाने, स्वास्थ्य सेवा प्रदाताओं को सहानुभूतिपूर्ण संवाद और देखभाल में प्रशिक्षित करने वाली पहलों का समर्थन करने, और स्वास्थ्य सेवा पेशेवरों के बीच सहयोग और टीम वर्क को प्रोत्साहित करने वाली नीतियों को बढ़ावा देना शामिल हो सकता है।

करुणा के लिए समर्थन का एक अन्य महत्वपूर्ण पहलू मरीजों को स्वयं के लिए समर्थन करने के लिए सशक्त बनाना है। इसमें मरीजों को उनके अधिकारों के बारे में शिक्षित करना, उन्हें अपने स्वास्थ्य सेवा प्रदाताओं के साथ प्रभावी ढंग से संवाद करने के लिए आवश्यक उपकरण और संसाधन प्रदान करना, और उन्हें प्रोत्साहित करना शामिल है कि यदि वे महसूस करते हैं कि उनकी ज़रूरतें पूरी नहीं हो रही हैं, तो वे अपनी बात कहें।

करुणा के लिए समर्थन कई रूप ले सकता है, जैसे कि जमीनी स्तर पर संगठित करना, सामुदायिक शिक्षा, लॉबिंग, और नीति विकास। इसमें व्यक्तिगत स्वास्थ्य सेवा प्रदाताओं के साथ काम करना शामिल हो सकता है ताकि उनके संवाद कौशल में सुधार हो सके और उनके अभ्यास के भीतर एक अधिक करुणामय वातावरण बनाया जा सके। इसमें स्वास्थ्य सेवा संगठनों के साथ जुड़कर ऐसी नीतियाँ विकसित करना और लागू करना भी शामिल हो सकता है जो संस्थागत स्तर पर करुणामय देखभाल को बढ़ावा देती हैं।

राष्ट्रीय स्तर पर, करुणा के लिए समर्थन में विधायकों के साथ काम करना शामिल हो सकता है ताकि ऐसे कानून पारित किए जा सकें जो मरीज अधिकारों की रक्षा

करें, गुणवत्तापूर्ण देखभाल सुनिश्चित करें, और एक अधिक करुणामय स्वास्थ्य सेवा प्रणाली को बढ़ावा दें। इसमें नियामक एजेंसियों के साथ यह सुनिश्चित करने के लिए जुड़ना भी शामिल हो सकता है कि स्वास्थ्य सेवा संगठन करुणामय देखभाल प्रदान करने के लिए उत्तरदायी हों।

अंतरराष्ट्रीय स्तर पर, करुणा के लिए समर्थन में वैश्विक संगठनों के साथ काम करना शामिल हो सकता है ताकि करुणामय देखभाल को एक सार्वभौमिक मानव अधिकार के रूप में बढ़ावा दिया जा सके। इसमें उन पहलियों का समर्थन करना भी शामिल हो सकता है जो कम और मध्यम आय वाले देशों में स्वास्थ्य सेवा प्रदाताओं को प्रशिक्षित करती हैं, जहाँ स्वास्थ्य सेवा के लिए संसाधन अक्सर सीमित होते हैं।

करुणा के लिए समर्थन के सामने चुनौतियाँ अनेक और जटिल हैं। मुख्य चुनौतियों में से एक यह है कि करुणामय देखभाल को क्या बनाता है, इस पर सहमति का अभाव है। हालाँकि अधिकांश लोग इस बात से सहमत हैं कि करुणा महत्वपूर्ण है, इस पर कम सहमति है कि इसे कैसे परिभाषित किया जाए और इसे कैसे मापा जाए। इस सहमति की कमी करुणामय देखभाल को बढ़ावा देने वाली नीतियों को विकसित और लागू करना कठिन बना सकती है।

एक अन्य चुनौती स्वास्थ्य सेवा प्रणाली के भीतर परिवर्तन के प्रति प्रतिरोध है। स्वास्थ्य सेवा प्रणाली एक जटिल और अक्सर नौकरशाही वाली इकाई है, और परिवर्तन धीमा और कठिन हो सकता है। उन स्वास्थ्य सेवा प्रदाताओं से भी प्रतिरोध हो सकता है, जो महसूस करते हैं कि करुणामय देखभाल को बढ़ावा देने वाली नीतियों से उनकी स्वायत्तता खतरे में पड़ सकती है।

इन चुनौतियों के बावजूद, करुणा के लिए समर्थन एक अधिक मानवीय और मरीज-केंद्रित स्वास्थ्य सेवा प्रणाली बनाने के लिए आवश्यक है। जागरूकता बढ़ाकर, नीति-निर्माताओं के साथ जुड़कर, और मरीजों को सशक्त बनाकर, करुणा के समर्थक व्यक्तियों और समुदायों के जीवन में वास्तविक अंतर ला सकते हैं।

करुणामय देखभाल के लाभ असंदिग्ध हैं। मरीजों के लिए, करुणामय देखभाल

बेहतर स्वास्थ्य परिणाम, देखभाल से अधिक संतोष, और एक अधिक सकारात्मक स्वास्थ्य सेवा अनुभव की ओर ले जा सकती है। यह मरीजों को उनके स्वयं के स्वास्थ्य और भलाई में सक्रिय भूमिका निभाने के लिए सशक्त भी बना सकती है।

स्वास्थ्य सेवा प्रदाताओं के लिए, करुणामय देखभाल नौकरी संतोष, बर्नआउट में कमी, और उनके काम में अर्थ और उद्देश्य की अधिक भावना की ओर ले जा सकती है। यह मरीजों के साथ संवाद और सहयोग में सुधार कर सकती है, जिससे अधिक प्रभावी और कुशल देखभाल संभव हो सकती है।

स्वास्थ्य सेवा प्रणाली के लिए, करुणामय देखभाल बेहतर गुणवत्ता वाली देखभाल, कम लागत, और समुदाय में एक मजबूत प्रतिष्ठा की ओर ले जा सकती है। यह स्वास्थ्य असमानताओं को संबोधित करने और स्वास्थ्य समानता को बढ़ावा देने में भी मदद कर सकती है।

अंत में, करुणा के लिए समर्थन एक महत्वपूर्ण प्रयास है, जो स्वास्थ्य सेवा प्रणाली के सभी स्तरों पर करुणामय देखभाल नीतियों को बढ़ावा देने का प्रयास करता है। जागरूकता बढ़ाकर, नीति-निर्माताओं के साथ जुड़कर, और मरीजों को सशक्त बनाकर, करुणा के समर्थक एक अधिक मानवीय और मरीज-केंद्रित स्वास्थ्य सेवा प्रणाली बना सकते हैं, जो मानवीय संबंध को प्राथमिकता देती है और उपचार और भलाई में करुणा के महत्व को पहचानती है।

करुणा के लिए समर्थन एक स्पष्ट आह्वान है, एक अधिक मानवीय और समानतापूर्ण स्वास्थ्य सेवा प्रणाली के लिए एक पुकार। अन्याय के खिलाफ आवाज उठाकर, करुणा को प्राथमिकता देने वाली नीतियों को बढ़ावा देकर, और मरीजों को स्वयं के लिए समर्थन करने के लिए सशक्त बनाकर, हम एक ऐसी दुनिया बना सकते हैं जहाँ स्वास्थ्य सेवा वास्तव में एक मानव अधिकार हो।

22

वैश्विक स्वास्थ्य में करुणा: स्वास्थ्य सेवा असमानताओं का समाधान

वैश्विक स्वास्थ्य के ताने-बाने में, जहाँ मानव कल्याण के धागे महाद्वीपों और संस्कृतियों में बुने गए हैं, करुणा एक प्रकाश स्तंभ के रूप में उभरती है, जो एक अधिक न्यायसंगत और निष्पक्ष दुनिया की ओर मार्ग प्रशस्त करती है। वैश्विक स्वास्थ्य में करुणा भौगोलिक सीमाओं से परे जाती है, सभी मानव जीवन की पारस्परिकता और पीड़ा को कम करने की साझा जिम्मेदारी को पहचानती है, चाहे राष्ट्रीयता, जातीयता, या सामाजिक-आर्थिक स्थिति कुछ भी हो। यह एक कार्रवाई का आह्वान है, स्वास्थ्य सेवा में मौजूद गंभीर असमानताओं को दूर करने की प्रतिबद्धता है, और इस मान्यता को प्रकट करती है कि स्वास्थ्य एक मौलिक मानव अधिकार है।

स्वास्थ्य सेवा असमानताएँ, स्वास्थ्य संसाधनों, परिणामों, और अवसरों का असमान वितरण, एक व्यापक समस्या है जो विकसित और विकासशील दोनों देशों को परेशान करती है। ये असमानताएँ अक्सर सामाजिक, आर्थिक, और राजनीतिक असमानताओं में निहित होती हैं, जिनमें हाशिए पर पड़े समुदाय रोग और पीड़ा का अनुपातहीन भार उठाते हैं। वैश्विक स्वास्थ्य में करुणा इन

बाधाओं को समाप्त करने का प्रयास करती है, यह सुनिश्चित करते हुए कि हर व्यक्ति, उनकी परिस्थितियों की परवाह किए बिना, गुणवत्तापूर्ण स्वास्थ्य सेवा और इष्टतम स्वास्थ्य प्राप्त करने का अवसर प्राप्त कर सके।

अपने मूल में, वैश्विक स्वास्थ्य में करुणा हर मानव जीवन की अंतर्निहित गरिमा और मूल्य को पहचानने के बारे में है। यह आँकड़ों और डेटा बिंदुओं से परे उन व्यक्तियों के चेहरों को देखने के बारे में है जो पीड़ित हैं और सहानुभूति, दयालुता, और फर्क लाने के दृढ़ संकल्प के साथ प्रतिक्रिया करने के बारे में है। यह संस्कृतियों और समुदायों के बीच पुल बनाने, सहयोग और एकजुटता को बढ़ावा देने, और सभी के लिए एक स्वस्थ दुनिया की साझा दृष्टि की ओर काम करने के बारे में है।

वैश्विक स्वास्थ्य में करुणा कई रूप लेती है। यह जितना सरल हो सकता है, जैसे कि एक स्वास्थ्यकर्मी दूरस्थ गाँव में एक मरीज को सहानुभूति और सान्त्वना प्रदान करता है, उतना ही जटिल हो सकता है, जैसे कि एक घातक बीमारी को समाप्त करने की एक वैश्विक पहल। इसमें गरीबी, भेदभाव, और शिक्षा की कमी जैसी स्वास्थ्य असमानताओं के मूल कारणों को संबोधित करने वाली नीति परिवर्तनों की वकालत करना शामिल हो सकता है। इसमें समुदाय-आधारित कार्यक्रमों का समर्थन करना भी शामिल है जो व्यक्तियों और समुदायों को अपने स्वास्थ्य का नियंत्रण लेने के लिए सशक्त बनाते हैं।

स्वास्थ्य सेवा असमानताओं को संबोधित करने में सबसे बड़ी चुनौती समस्या का sheer magnitude है। दुनिया भर में लाखों लोगों को बुनियादी स्वास्थ्य सेवाओं, जैसे कि स्वच्छ पानी, स्वच्छता, और आवश्यक दवाओं तक पहुँच नहीं है। एचआईवी/एड्स, तपेदिक, और मलेरिया जैसी संक्रामक बीमारियाँ विशेष रूप से निम्न और मध्यम आय वाले देशों में समुदायों को तबाह करती रहती हैं। हृदय रोग, कैंसर, और मधुमेह जैसी पुरानी बीमारियाँ वैश्विक स्तर पर बढ़ रही हैं, जिससे स्वास्थ्य सेवा प्रणालियों पर बढ़ता बोझ पड़ रहा है।

इन चुनौतियों का समाधान करने के लिए एक बहुआयामी दृष्टिकोण की आवश्यकता है। इसमें स्वास्थ्य सेवा के बुनियादी ढाँचे में निवेश करना, स्वास्थ्यकर्मियों को प्रशिक्षित करना, और सस्ती दवाओं और टीकों का विकास और वितरण शामिल है। इसमें स्वास्थ्य परिणामों पर गहरा प्रभाव डालने वाले

स्वास्थ्य के सामाजिक निर्धारकों, जैसे कि गरीबी, शिक्षा, और लैंगिक समानता, को संबोधित करना भी शामिल है।

वैश्विक स्वास्थ्य में करुणा केवल सहायता या दान प्रदान करने के बारे में नहीं है; यह ऐसे टिकाऊ समाधान बनाने के बारे में है जो व्यक्तियों और समुदायों को अपने स्वास्थ्य का नियंत्रण लेने के लिए सशक्त बनाते हैं। इसमें स्थानीय भागीदारों के साथ काम करना, सांस्कृतिक रूप से उपयुक्त हस्तक्षेप विकसित करना, और यह सुनिश्चित करना शामिल है कि स्वास्थ्य सेवाएँ सुलभ और किफायती हों।

वैश्विक स्वास्थ्य में करुणा का एक अन्य महत्वपूर्ण पहलू उन बीमारियों और स्थितियों के साथ अक्सर जुड़े कलंक और भेदभाव का समाधान करना है। कलंक व्यक्तियों को देखभाल लेने से रोक सकता है, जिससे निदान और उपचार में देरी होती है और रुग्णता और मृत्यु दर बढ़ जाती है। जागरूकता बढ़ाकर, रूढ़ियों को चुनौती देकर, और समझ को बढ़ावा देकर, हम सभी के लिए एक अधिक समावेशी और सहायक वातावरण बना सकते हैं।

वैश्विक स्वास्थ्य में प्रौद्योगिकी की भूमिका भी तेजी से विकसित हो रही है। टेलीमेडिसिन, मोबाइल स्वास्थ्य, और अन्य डिजिटल उपकरण, विशेष रूप से दूरस्थ और उपेक्षित क्षेत्रों में, स्वास्थ्य सेवा वितरण में क्रांति लाने की क्षमता रखते हैं। हालाँकि, यह सुनिश्चित करना महत्वपूर्ण है कि ये प्रौद्योगिकियाँ सभी के लिए सुलभ और किफायती हों और उनका उपयोग इस तरह से किया जाए जो व्यक्तियों की गरिमा और स्वायत्तता का सम्मान करे।

वैश्विक स्वास्थ्य में करुणा केवल नैतिक अनिवार्यता नहीं है; यह एक रणनीतिक अनिवार्यता भी है। जब लोग स्वस्थ होते हैं, तो वे अधिक उत्पादक, अधिक लचीले, और अपने समुदायों और अर्थव्यवस्थाओं में योगदान करने में अधिक सक्षम होते हैं। वैश्विक स्वास्थ्य में निवेश करके, हम न केवल जीवन बचाते हैं और पीड़ा कम करते हैं, बल्कि शांति, स्थिरता, और समृद्धि को भी बढ़ावा देते हैं।

अंत में, वैश्विक स्वास्थ्य में करुणा एक कार्रवाई का आह्वान है, स्वास्थ्य सेवा असमानताओं को संबोधित करने और एक अधिक निष्पक्ष और न्यायसंगत दुनिया बनाने की प्रतिबद्धता है। यह इस मान्यता को प्रकट करती है कि स्वास्थ्य

एक मौलिक मानव अधिकार है, और हर व्यक्ति, उनकी परिस्थितियों की परवाह किए बिना, गुणवत्तापूर्ण स्वास्थ्य सेवा तक पहुँच का हकदार है। करुणा को अपनाकर, हम वैश्विक स्वास्थ्य परिदृश्य को बदल सकते हैं, यह सुनिश्चित करते हुए कि सभी लोगों को स्वस्थ और पूर्ण जीवन जीने का अवसर मिले।

वैश्विक स्वास्थ्य में करुणा एक पुल है, जो हमें महाद्वीपों और संस्कृतियों के पार जोड़ता है, पीड़ा को कम करने और सभी के लिए भलाई को बढ़ावा देने के लिए एक साझा प्रतिबद्धता है। मानव जीवन की पारस्परिकता को पहचानकर, हम एक स्वस्थ और अधिक न्यायसंगत दुनिया बनाने के लिए एक साथ काम कर सकते हैं।

23

करुणामय देखभाल का भविष्य: नवाचार और चुनौतियाँ

स्वास्थ्य सेवा के निरंतर विकसित हो रहे परिदृश्य में, करुणामय देखभाल आशा का एक प्रकाशस्तंभ है, जो एक अधिक मानवीय और मरीज-केंद्रित दृष्टिकोण की ओर मार्गदर्शन करती है। भविष्य की ओर देखते हुए, करुणामय देखभाल को और अधिक बढ़ाने के लिए नवाचार की संभावनाएँ असीम हैं, लेकिन इनके साथ चुनौतियाँ भी कम नहीं हैं। करुणामय देखभाल का भविष्य तकनीकी प्रगति, बदलती सामाजिक अपेक्षाओं, और स्वास्थ्य सेवा प्रदाताओं की बढ़ती जटिलताओं के बीच सहानुभूति, समझ, और संबंध को प्राथमिकता देने की अडिग प्रतिबद्धता के बीच एक गतिशील संतुलन है।

तकनीक, अपने सतत प्रगति के साथ, करुणामय देखभाल की डिलीवरी में क्रांति लाने का वादा करती है। कृत्रिम बुद्धिमत्ता (AI) और मशीन लर्निंग एल्गोरिदम पहले से ही प्रशासनिक कार्यों को सरल बनाने, विशाल मरीज डेटा का विश्लेषण करने, और व्यक्तिगत उपचार की सिफारिशें प्रदान करने के लिए उपयोग किए जा रहे हैं। यह न केवल स्वास्थ्य सेवा प्रदाताओं को सीधे मरीजों के साथ बातचीत में अधिक समय और ऊर्जा लगाने का अवसर देता है, बल्कि व्यक्तिगत ज़रूरतों और प्राथमिकताओं की गहरी समझ भी प्रदान करता है। एआई-संचालित चैटबॉट और वर्चुअल असिस्टेंट चौबीसों घंटे भावनात्मक समर्थन प्रदान कर सकते हैं, सवालों

के जवाब दे सकते हैं, और मार्गदर्शन कर सकते हैं, यह सुनिश्चित करते हुए कि मरीज पारंपरिक क्लीनिकल सेटिंग्स के बाहर भी सुने और समर्थित महसूस करें।

वर्चुअल रियलिटी (VR) और ऑगमेंटेड रियलिटी (AR) प्रौद्योगिकियाँ भी करुणामय देखभाल को बदलने की क्षमता रखती हैं। वीआर immersive अनुभव बना सकता है जो मरीजों को शांतिपूर्ण वातावरण में ले जाते हैं, उनकी चिंता और दर्द को कम करते हैं, जबकि एआर स्वास्थ्य सेवा प्रदाताओं को जटिल प्रक्रियाओं के दौरान वास्तविक समय में जानकारी और मार्गदर्शन प्रदान कर सकता है, जिससे उनकी सटीक और व्यक्तिगत देखभाल देने की क्षमता बढ़ती है। इन तकनीकों का उपयोग स्वास्थ्य सेवा प्रदाताओं को एक सुरक्षित और नियंत्रित वातावरण में संवाद और सहानुभूति कौशल का अभ्यास करने के लिए भी किया जा सकता है।

टेलीमेडिसिन, दूरस्थ टेलीकम्युनिकेशन प्रौद्योगिकियों के माध्यम से स्वास्थ्य सेवा सेवाओं की डिलीवरी, पहले ही देखभाल तक पहुँच का विस्तार करने की अपनी क्षमता को प्रदर्शित कर चुकी है, विशेष रूप से उन लोगों के लिए जो उपेक्षित क्षेत्रों में रहते हैं या जिनकी गतिशीलता सीमित है। यह बढ़ी हुई पहुँच एक अधिक समावेशी स्वास्थ्य सेवा प्रणाली को बढ़ावा देती है, यह सुनिश्चित करते हुए कि करुणामय देखभाल उन लोगों तक पहुँचे जिनकी इसे सबसे अधिक आवश्यकता है। पहनने योग्य उपकरण और दूरस्थ निगरानी उपकरण मरीजों के महत्वपूर्ण संकेतों और लक्षणों को ट्रैक कर सकते हैं, शीघ्र हस्तक्षेप और व्यक्तिगत देखभाल योजनाओं को सक्षम करते हुए, यह और भी अधिक प्रदर्शित करते हुए कि करुणामय देखभाल को बढ़ाने में तकनीक की कितनी क्षमता है।

हालाँकि, करुणामय देखभाल में तकनीक का एकीकरण चुनौतियों के बिना नहीं है। मुख्य चिंताओं में से एक स्वास्थ्य सेवा वार्तालापों को अमानवीय बनाने की तकनीक की संभावना है। जबकि एआई-संचालित चैटबॉट और वर्चुअल असिस्टेंट मूल्यवान समर्थन प्रदान कर सकते हैं, वे पूरी तरह से उस गर्मजोशी, सहानुभूति, और सूक्ष्म समझ को प्रतिस्थापित नहीं कर सकते जो मानव वार्तालाप प्रदान करता है। तकनीकी नवाचार और मानव संबंध के बीच संतुलन बनाना यह सुनिश्चित करने के लिए महत्वपूर्ण है कि करुणामय देखभाल स्वास्थ्य सेवा वितरण के केंद्र में बनी रहे।

एक अन्य चुनौती डिजिटल विभाजन है, जो मौजूदा स्वास्थ्य सेवा असमानताओं को बढ़ा सकता है। सभी मरीजों की तकनीक तक समान पहुँच नहीं है, और जो लोग हाशिए पर हैं या वंचित हैं, वे स्वास्थ्य सेवा के डिजिटल परिवर्तन में पीछे छूट सकते हैं। यह सुनिश्चित करना कि तकनीकी प्रगति सभी के लिए सुलभ और समान हो, वास्तव में करुणामय देखभाल के लिए आवश्यक है।

मरीजों और समाज की बदलती अपेक्षाएँ भी करुणामय देखभाल के भविष्य को आकार देती हैं। एक तेजी से उपभोक्ता-चालित स्वास्थ्य सेवा परिदृश्य में, मरीज अधिक पारदर्शिता, स्वायत्तता, और अपनी देखभाल में भागीदारी की माँग कर रहे हैं। वे चाहते हैं कि स्वास्थ्य सेवा प्रदाता न केवल तकनीकी रूप से सक्षम हों, बल्कि सहानुभूतिपूर्ण, संवादात्मक, और उनकी व्यक्तिगत ज़रूरतों और प्राथमिकताओं के प्रति सम्मानजनक हों।

स्वास्थ्य सेवा संगठन इन अपेक्षाओं का उत्तर रोगी-केंद्रित देखभाल मॉडलों को लागू करके दे रहे हैं जो साझा निर्णय-निर्माण, सहयोग, और मरीज सशक्तिकरण को प्राथमिकता देते हैं। ये मॉडल मानते हैं कि मरीज देखभाल के निष्क्रिय प्राप्तकर्ता नहीं हैं, बल्कि अपने स्वास्थ्य यात्रा में सक्रिय भागीदार हैं। वे खुली बातचीत, साझा निर्णय-निर्माण, और मरीज की समग्र भलाई पर ध्यान केंद्रित करने को प्रोत्साहित करते हैं, न कि केवल उनकी चिकित्सीय स्थिति पर।

हालाँकि, मरीज-केंद्रित देखभाल मॉडलों का कार्यान्वयन चुनौतीपूर्ण हो सकता है। यह स्वास्थ्य सेवा प्रदाताओं के बीच मानसिकता में बदलाव की माँग करता है, जो अधिक पारंपरिक, पितृसत्तात्मक दृष्टिकोण के आदी हो सकते हैं। यह संगठनात्मक परिवर्तनों की भी माँग करता है, जैसे वर्कफ़्लोज़ को पुनर्संरचना करना, कर्मचारियों को प्रशिक्षण प्रदान करना, और मरीज जुड़ाव का समर्थन करने के लिए प्रणालियाँ बनाना।

इन चुनौतियों के बावजूद, करुणामय देखभाल का भविष्य उज्जवल है। तकनीकी प्रगति, बदलती सामाजिक अपेक्षाएँ, और स्वास्थ्य सेवा प्रदाताओं की अडिग प्रतिबद्धता सभी एक ऐसी स्वास्थ्य सेवा प्रणाली बनाने के लिए अभिसरण कर रही हैं जो अधिक मरीज-केंद्रित, सहानुभूतिपूर्ण, और व्यक्तियों और समुदायों की

ज़रूरतों के प्रति उत्तरदायी हो। जैसे-जैसे हम आगे बढ़ते हैं, यह आवश्यक है कि हम नवाचार को अपनाएँ, जबकि करुणा, सहानुभूति, और मानव संबंध के मूल मूल्यों में दृढ़ता से जमे रहें। करुणामय देखभाल का भविष्य केवल तकनीकी प्रगति के बारे में नहीं है; यह एक ऐसी स्वास्थ्य सेवा प्रणाली बनाने के बारे में है जो वास्तव में पूरे व्यक्ति की देखभाल करती है, न कि केवल उनकी बीमारी की।

करुणामय देखभाल का भविष्य नवाचार और परंपरा, तकनीक और मानवीय स्पर्श से बुना एक ताना-बाना है। भविष्य की संभावनाओं को अपनाकर और करुणा के शाश्वत मूल्यों में दृढ़ रहते हुए, हम एक ऐसी स्वास्थ्य सेवा प्रणाली बना सकते हैं जो वास्तव में उपचार प्रदान करती है।

24

लहर प्रभाव: करुणा कैसे स्वास्थ्य सेवा और उससे परे परिवर्तन लाती है

करुणा, एक सहज मानवीय गुण, जिसे अक्सर एक कोमल शक्ति के रूप में देखा जाता है, में व्यापक परिवर्तनकारी बदलाव लाने की अद्वितीय शक्ति है जो व्यक्तिगत संपर्कों से कहीं अधिक दूर तक फैली होती है। स्वास्थ्य सेवा के क्षेत्र में, जहाँ दांव ऊँचे होते हैं और मानवीय संवेदनशीलता का महत्व सर्वोपरि होता है, करुणा का लहर प्रभाव विशेष रूप से गहरा होता है। यह न केवल रोगी देखभाल की गुणवत्ता और प्रदाताओं की भलाई को ऊपर उठाता है, बल्कि समाज के ताने-बाने में भी गहराई तक समा जाता है, जिससे एक अधिक जुड़े हुए, सहानुभूतिपूर्ण और लचीले विश्व का निर्माण होता है।

व्यक्तिगत स्तर पर, करुणा का लहर प्रभाव उस साधारण कार्य से शुरू होता है जिसमें किसी अन्य व्यक्ति की पीड़ा को पहचाना जाता है और दया और समझ के साथ प्रतिक्रिया दी जाती है। यह संपर्क, चाहे वह सांत्वना देने वाला स्पर्श हो, सुनने वाला कान हो, या आश्वासन देने वाला शब्द हो, प्राप्तकर्ता पर गहरा प्रभाव डालता है। यह उनकी भावनाओं को मान्यता देता है, अलगाव और अकेलेपन की भावनाओं को कम करता है, और आशा और लचीलापन की भावना को प्रोत्साहित

करता है। इसके परिणामस्वरूप स्वास्थ्य परिणामों में सुधार हो सकता है, क्योंकि अनुसंधान से पता चला है कि करुणामय देखभाल से दर्द, चिंता और अवसाद में कमी आ सकती है।

लेकिन करुणा का लहर प्रभाव यहीं नहीं रुकता। जब मरीजों को देखभाल और समर्थन महसूस होता है, तो वे उपचार योजनाओं का पालन करने, स्वस्थ व्यवहार अपनाने और तेजी से ठीक होने की अधिक संभावना रखते हैं। यह न केवल उनके अपने स्वास्थ्य के लिए लाभकारी है बल्कि स्वास्थ्य सेवा प्रणाली पर भी सकारात्मक प्रभाव डालता है, लागतों को कम करता है और दक्षता में सुधार करता है।

इसके अलावा, जब मरीज करुणामय देखभाल का अनुभव करते हैं, तो वे उसी करुणा को दूसरों तक पहुँचाने की अधिक संभावना रखते हैं। वे अपने समुदायों में अधिक सक्रिय हो सकते हैं, अपने समय का स्वयंसेवक के रूप में उपयोग कर सकते हैं, या बस जरूरतमंदों को मदद का हाथ बढ़ा सकते हैं। यह करुणा का एक पुण्य चक्र बनाता है, जहाँ एक दया का कार्य दूसरे को प्रेरित करता है, जो तालाब में लहरों की तरह फैलता है।

करुणा का लहर प्रभाव स्वास्थ्य सेवा प्रदाताओं तक भी फैला हुआ है। जब प्रदाताओं को अपने सहयोगियों और संगठनों द्वारा समर्थन और मूल्यवान महसूस होता है, तो वे नौकरी की संतुष्टि, बर्नआउट में कमी, और बेहतर भलाई का अनुभव करने की अधिक संभावना रखते हैं। यह बेहतर रोगी देखभाल में तब्दील हो जाता है, क्योंकि खुश और स्वस्थ प्रदाता अपने मरीजों के प्रति सहानुभूतिपूर्ण, सतर्क, और करुणामय होने की अधिक संभावना रखते हैं।

करुणा का लहर प्रभाव संगठनात्मक स्तर पर भी देखा जा सकता है। स्वास्थ्य सेवा संगठन जो करुणा को प्राथमिकता देते हैं, देखभाल की एक संस्कृति बनाते हैं जो पूरे सिस्टम में व्याप्त होती है। यह संस्कृति सहयोग, नवाचार, और मरीजों को सर्वोत्तम संभव देखभाल प्रदान करने की साझा प्रतिबद्धता को बढ़ावा देती है। यह प्रतिभाशाली स्वास्थ्य सेवा पेशेवरों को भी आकर्षित करती है और बनाए रखती है, जो ऐसे वातावरण में काम करने के लिए प्रेरित होते हैं जहाँ करुणा को महत्व दिया जाता है।

स्वास्थ्य सेवा संस्थानों की दीवारों से परे, करुणा का लहर प्रभाव व्यापक सामाजिक ताने-बाने को प्रभावित करता है। जब लोग स्वास्थ्य सेवा सेटिंग्स में करुणा का अनुभव करते हैं, तो वे अधिक संभावना रखते हैं कि वे उस अनुभव को दूसरों के साथ अपने संपर्कों में लेकर जाएँ। इससे हमारे समुदायों में अधिक सहानुभूति, समझ, और सहिष्णुता का निर्माण हो सकता है, जो एक अधिक जुड़े हुए और सामंजस्यपूर्ण समाज को बढ़ावा देता है।

इसके अलावा, करुणा सामाजिक परिवर्तन को प्रेरित कर सकती है। जब हम दूसरों को पीड़ित देखते हैं, चाहे वह बीमारी, गरीबी, या अन्याय के कारण हो, हमारी करुणा हमें कार्रवाई करने के लिए प्रेरित कर सकती है। हम जरूरतमंदों के लिए वकालत कर सकते हैं, परोपकारी कारणों के लिए दान कर सकते हैं, या फर्क लाने के लिए अपना समय और कौशल प्रदान कर सकते हैं। यह सामूहिक कार्रवाई नीतियों, कानूनों, और सामाजिक मानदंडों में सार्थक परिवर्तनों को जन्म दे सकती है, जो सभी के लिए एक अधिक न्यायपूर्ण और समान दुनिया का निर्माण करती है।

करुणा का लहर प्रभाव केवल एक सैद्धांतिक अवधारणा नहीं है; यह एक ठोस शक्ति है जो व्यक्तियों, समुदायों और संपूर्ण समाजों को बदल सकती है। यह एक अनुस्मारक है कि हमारे कार्य, चाहे वे कितने ही छोटे क्यों न हों, हमारे आस-पास की दुनिया पर गहरा प्रभाव डाल सकते हैं। करुणा को अपनाकर, हम न केवल अपने जीवन को बेहतर बनाते हैं, बल्कि एक अधिक करुणामय और जुड़े हुए विश्व में भी योगदान देते हैं।

भविष्य में, जब हम वृद्ध होती जनसंख्या, बढ़ती स्वास्थ्य सेवा लागत, और स्वास्थ्य असमानताओं की चुनौतियों का सामना करेंगे, करुणा पहले से कहीं अधिक महत्वपूर्ण होगी। करुणामय देखभाल में निवेश करके, हम एक ऐसी स्वास्थ्य सेवा प्रणाली बना सकते हैं जो न केवल शारीरिक रोगों को ठीक करे बल्कि मानव आत्मा का भी पोषण करे। हम मजबूत, स्वस्थ समुदायों का निर्माण कर सकते हैं, जहाँ हर कोई समर्थित और मूल्यवान महसूस करता है। और हम एक ऐसी दुनिया बना सकते हैं जहाँ करुणा केवल एक आदर्श नहीं, बल्कि एक जीवंत वास्तविकता हो।

करुणा का लहर प्रभाव एक शक्तिशाली शक्ति है, एक परिवर्तनकारी तरंग जो स्वास्थ्य सेवा और उससे परे को नया रूप दे सकती है। अपने भीतर और अपने संस्थानों में करुणा को विकसित करके, हम न केवल व्यक्तिगत जीवन को ठीक करते हैं बल्कि एक अधिक करुणामय और जुड़े हुए विश्व का निर्माण करते हैं।

25
सारांश

करुणा का लहर प्रभाव एक शक्तिशाली शक्ति है, एक परिवर्तनकारी तरंग जो स्वास्थ्य सेवा और उससे आगे को नया रूप दे सकती है। अपने भीतर और अपने संस्थानों में करुणा को विकसित करके, हम न केवल व्यक्तिगत जीवन को ठीक करते हैं बल्कि एक अधिक करुणामय और जुड़े हुए विश्व का निर्माण करते हैं।

"द हीलिंग टच: कल्टीवेटिंग कंपैशन इन हेल्थकेयर" चिकित्सा क्षेत्र में करुणा की परिवर्तनकारी शक्ति का एक व्यापक अध्ययन है, जो मरीजों और प्रदाताओं दोनों के लिए महत्वपूर्ण है। यह जोर देता है कि उपचार केवल शारीरिक उपचार तक सीमित नहीं है, बल्कि इसमें भावनात्मक, आध्यात्मिक और सामाजिक भलाई भी शामिल है।

पुस्तक की शुरुआत उपस्थिति की शक्ति को उजागर करते हुए होती है, जो स्वास्थ्य सेवा प्रदाताओं को यह प्रेरित करती है कि वे मरीजों को उनकी अनूठी कहानियों और आवश्यकताओं के साथ संपूर्ण व्यक्तियों के रूप में देखें। यह सक्रिय सुनने, गैर-मौखिक संचार, और सहानुभूति की महत्ता को समझने और विश्वास बनाने के लिए रेखांकित करती है। यह पुस्तक स्वास्थ्य सेवा प्रदाताओं के सामने आने वाली चुनौतियों, जैसे करुणा थकावट, को स्वीकार करती है और थकावट को रोकने और भलाई बनाए रखने के लिए रणनीतियाँ प्रदान करती है।

साझा निर्णय-निर्माण को मरीजों को उनके स्वास्थ्य सेवा यात्रा में सशक्त बनाने के एक तरीके के रूप में प्रस्तुत किया गया है, जिसमें उन्हें उपचार निर्णयों में

शामिल करना और उनकी मान्यताओं और प्राथमिकताओं का सम्मान करना शामिल है। पुस्तक मस्तिष्क-शरीर संबंध पर भी गहराई से जाती है, यह समझाते हुए कि करुणा उपचार और समग्र भलाई में कैसे योगदान देती है।

चिकित्सा वातावरण बनाना एक और महत्वपूर्ण विषय है, जिसमें पुस्तक डिजाइन तत्वों, प्राकृतिक प्रकाश और शांत ध्वनियों का सुझाव देती है जो विश्राम को बढ़ावा देने और तनाव को कम करने में मदद करते हैं। करुणामय नेतृत्व को एक सहायक कार्यस्थल संस्कृति को बढ़ावा देने के लिए महत्वपूर्ण बताया गया है, जो सहानुभूति और सम्मान को महत्व देती है।

संस्कृतिक विनम्रता को विविध मरीज दृष्टिकोणों को समझने और उनका सम्मान करने के लिए आवश्यक बताया गया है। पुस्तक क्रॉस-सांस्कृतिक संपर्कों को नेविगेट करने और व्यक्तिगत जरूरतों के अनुसार देखभाल को अनुकूलित करने पर मार्गदर्शन प्रदान करती है। इसके अतिरिक्त, यह कठिन समाचार देने के संवेदनशील विषय को संबोधित करती है, करुणा और सहानुभूति के साथ कठिन जानकारी देने के लिए रणनीतियाँ प्रदान करती है।

अंतिम जीवन देखभाल को एक समग्र दृष्टिकोण के रूप में चर्चा की गई है जो शारीरिक, भावनात्मक, आध्यात्मिक और सामाजिक आवश्यकताओं को संबोधित करती है, व्यक्तियों के अंतिम जीवन चरणों में आराम, समर्थन और गरिमा के सम्मान को प्रदान करने के महत्व को रेखांकित करती है। पुस्तक सहयोगियों के बीच करुणा के महत्व पर भी जोर देती है, जो एक सहायक कार्य वातावरण को बढ़ावा देती है जो लचीलापन और भलाई को बढ़ावा देता है।

आत्म-करुणा को थकावट को रोकने और एक स्वस्थ कार्य-जीवन संतुलन बनाए रखने में एक महत्वपूर्ण कारक के रूप में उजागर किया गया है। यह स्वास्थ्य सेवा प्रदाताओं को दयालुता और समझ के साथ खुद को व्यवहार करने, उनकी अपनी मानवता और कमजोरियों को पहचानने के लिए प्रोत्साहित करती है।

माइंडफुलनेस को वर्तमान-क्षण की जागरूकता विकसित करने, तनाव कम करने, सहानुभूति बढ़ाने और ध्यान केंद्रित करने में सुधार के एक उपकरण के रूप में प्रस्तुत किया गया है। पुस्तक करुणा प्रशिक्षण कार्यक्रमों पर भी चर्चा करती है

जो स्वास्थ्य सेवा प्रदाताओं को करुणामय देखभाल के लिए आवश्यक कौशल विकसित करने में मदद करती है।

करुणा को मापने को एक जटिल लेकिन आवश्यक कार्य के रूप में खोजा गया है, जिसमें व्यक्तिपरक और वस्तुनिष्ठ डेटा दोनों को कैप्चर करने के लिए एक बहुआयामी दृष्टिकोण की आवश्यकता होती है। पुस्तक स्वास्थ्य सेवा में प्रौद्योगिकी के उपयोग में भी गहराई से जाती है, यह बताते हुए कि मरीज देखभाल को बढ़ाने और अमानवीकरण से बचने के लिए इसे करुणा के साथ एकीकृत करना कितना महत्वपूर्ण है।

अनुसंधान में करुणा को रोगी भलाई को प्राथमिकता देने, सूचित सहमति सुनिश्चित करने, जोखिमों को कम करने, और व्यापक सामाजिक और सांस्कृतिक संदर्भ पर विचार करने के लिए महत्वपूर्ण बताया गया है। पुस्तक करुणा देखभाल नीतियों को बढ़ावा देने, शिक्षा, नीति निर्माताओं के साथ जुड़ाव, और मरीज सशक्तिकरण के माध्यम से करुणा की वकालत पर भी चर्चा करती है।

पुस्तक फिर वैश्विक स्वास्थ्य में करुणा पर अपना ध्यान केंद्रित करती है, स्वास्थ्य सेवा असमानताओं को संबोधित करने और सभी मानव जीवन की परस्परता को पहचानने के महत्व को उजागर करती है। यह एक बहुआयामी दृष्टिकोण का आह्वान करती है जिसमें स्वास्थ्य सेवा के बुनियादी ढांचे में निवेश करना, स्वास्थ्य कार्यकर्ताओं को प्रशिक्षित करना, स्वास्थ्य के सामाजिक निर्धारकों को संबोधित करना, और प्रौद्योगिकी का जिम्मेदारी से उपयोग करना शामिल है।

निष्कर्ष में, **"द हीलिंग टच: कल्टीवेटिंग कंपैशन इन हेल्थकेयर"** चिकित्सा क्षेत्र में करुणा की परिवर्तनकारी शक्ति का एक व्यापक और व्यावहारिक अन्वेषण प्रदान करती है। यह स्वास्थ्य सेवा प्रदाताओं, संगठनों, और नीति निर्माताओं के लिए यह मार्गदर्शन प्रदान करती है कि कैसे देखभाल के हर पहलू में करुणा को एकीकृत किया जाए, अंततः एक अधिक मानवीय, मरीज-केंद्रित, और प्रभावी स्वास्थ्य सेवा प्रणाली का निर्माण करते हुए।

उद्धरण और संदर्भ

यह पुस्तक व्यापक अनुसंधान और सूक्ष्म विश्लेषण का परिणाम है, जिसमें विभिन्न स्रोतों जैसे अनेक पुस्तकों, विद्वानों के अध्ययन और व्यक्तिगत अनुभवों को सम्मिलित किया गया है। इसके अतिरिक्त, मैंने इस कार्य को संकलित करने के लिए प्रासंगिक जानकारी और आंकड़े जुटाने हेतु विभिन्न वेबसाइटों की भी खोज की है। मैंने प्रस्तुत जानकारी की सटीकता सुनिश्चित करने के लिए हर संभव प्रयास किया है और सभी स्रोतों का विधिपूर्वक उल्लेख किया है ताकि उनके योगदान को सम्मानित किया जा सके।

इन प्रयासों के बावजूद, अनजाने में त्रुटियाँ होने की संभावना बनी रहती है। मैं अपने पाठकों के विचारों को अत्यधिक महत्व देता हूँ और किसी भी ऐसी त्रुटि की पहचान करने और उसे सुधारने के लिए आपके फीडबैक का स्वागत करता हूँ। मैं आपसे आग्रह करता हूँ कि किसी भी प्रकार की विसंगतियों को मेरी जानकारी में लाएँ।

आपका फीडबैक न केवल स्वागत योग्य है बल्कि अत्यावश्यक भी है, क्योंकि यह वर्तमान संस्करण में सुधार लाने और भविष्य के संस्करणों की सामग्री को और बेहतर बनाने में मदद करेगा। मैं अपनी कृतियों में उच्चतम स्तर की सटीकता और विश्वसनीयता बनाए रखने के प्रति प्रतिबद्ध हूँ और आपके समर्थन और समझ के लिए धन्यवाद देता हूँ।

इसके अतिरिक्त, मैं संविधान के अनुच्छेद 19(1)(क) के तहत गारंटीकृत अभिव्यक्ति की स्वतंत्रता के सिद्धांत का दृढ़ता से पालन करती हूँ और अपने सभी पाठकों के विविध दृष्टिकोणों और अभिव्यक्तियों का सम्मान करता हूँ।

Other Books Of The Author

1. Empowering Minds: A Journey into Women's Self-Discovery and Power
2. The Dynamics of Motivation: Catalyzing Thought into Action
3. Meditation and Mental Well Being: The Path to Inner Peace and Clarity
4. The Psychology of Child Education: Nurturing Future Generations
5. Ethical Enlightenment: A Modern Guide to Living with Integrity
6. Voices of Empowerment: Stories of Women Rising Against Odds
7. Social Psychology in Everyday Life: Understanding Human Connections
8. The Essence of Motivational Speaking: Inspiring Change in Others
9. Balancing Acts: Women, Work, and the Will to Lead
10. Guiding with Grace: Raising Children with Compassion and Awareness
11. The Power of Positive Aging: Embracing Life After Fifty
12. Building Resilient Communities: Social Work in Action
13. The Ethical Educator: Principles for Teaching and Learning
14. Innovative solutions for Social Change: The Role of Social Psychology for crafting a Better World
15. The Ethics of Empathy: A Guide to Ethical Living
16. The Science of Empowering the Self: Navigating Life's Challenges with Psychological Wisdom
17. The Mindful Conscious Leader: Meditation Techniques for Modern Management
18. Pioneering Spirit: Women's Pathways to Leadership and Empowerment
19. Feeling to Healing: The Role of Emotional Intelligence in Child Development
20. Transformative Talks and Words of Inspiration: Insights into

Motivational Oratory

43. Altruistic Alchemy: Transforming Lives Through Giving
44. The Blueprint of Pro-Activeness and Productivity: Crafting Habits for Success
45. The Simplicity with Grounded Wisdom: Embracing Authenticity in a Complex World
46. Secret of Solopreneur's Odyssey: Navigating the Path to Self-Employment
47. Exploring Tapestry of Peace: Global Perspectives on Harmony
48. The Art and Actions of Connection: Mastering Communication for Impact
49. She Governs and at the Helm: Strategies for Political Empowerment
50. Rising Above and Rising with Grace: A Woman's Roadmap to Career Mastery
51. The Effect of Networking & Connectedness: Building Strategic Alliances for Women
52. Beyond his Barriers: Women Thriving in Male-Dominated Fields
53. Secret of Inner Compass: Navigating Life with Intuition
54. Creative & Pro-Active Muses: A Celebration of Women in the Arts
55. Unburdened: The Art of Releasing the Past
56. Amplified Voices: Speeches of Women that Astonished the World
57. Secret of Manifesting Dreams: A Woman's Guide to Intentional Living
58. Ethics and Value Based Education: Reimagining Japan's School System
59. The Moral Compass Curriculum: A Holistic Approach
60. Tech with Heart: Integrating Ethics into Digital Learning
61. Honoring Virtue: Recognizing Ethical Excellence in Education
62. Raising Good Humans: A Guide to Character Development
63. The Spark Within: Nurturing Creativity in Children
64. The Teenager Whisperer: Navigating Adolescence with Grace
65. Igniting a Passion for Learning: Inspiring Lifelong Curiosity
66. The Habit Lab: Cultivating Positive Behaviors in Children

ॐ

Contact

Dr. Minakshi Bansal
Social Activist
Ahmedabad, Gujarat, Bharat
dhanyamfoundation@gmail.com

|| LOKAHA SAMASTHAHA SUKHINO BHAVANTU ||

• 105 •